いのちもお金も大事！

新型 **コロナウイルス**から

身を守る・**家計を守る**・**くらしを守る**

彩流社編集部・編

STOP
COVID-19

彩流社

コロナに負けない。

コロナを乗り越える。

これからの

「新しい生活」のかたち。

新型コロナウイルスの感染拡大よって私たちの日常は一変しました。

その影響は甚大で、生活、お金、仕事の面で、先行きの不透明感は増すばかりです。

そこで本書は、感染の不安やお金の心配に即応できる情報を集めました。

「with コロナ時代」をたくましく生きていくガイドブックとして活用していただければ幸いです。

CONTENTS

いのちもお金も大事！
新型コロナウイルスから身を守る・家計を守る・くらしを守る

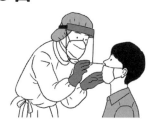

054 **column**
アフターコロナ時代のお財布事情

055 **PART 3**

もしものための
生活支援制度

078 **column**
大切な給付金をだまし取るコロナ詐欺にご注意!

PROLOGUE

時系列で振り返る
コロナショックの140日

世界を揺るがした 新型コロナパンデミック

世界中が新型コロナウイルスの第1波に翻弄されていたとき、日本では何が起きていたのでしょうか。すでに第2波が到来した今だからこそ、今一度、2019年末の「未知のウイルス」検出報告から緊急事態宣言が解除された2020年5月25日までの主な出来事を振り返りました。

2020年1月6日、厚生労働省（以下、厚労省）は1つのプレスリリースを発表します。それは中国内陸部の湖北省武漢市で前年12月より、「原因となる病原菌が特定されていない肺炎の発生が複数報告されている」という内容でした。「原因不明のウイルス」が確認されたのは、プレスリリースから8日後の14日のこと。世界保健機関（WHO）は中国当局からの情報提供を受け、新型のコロナウイルスの検出を認定。その2日後には、早くも日本国内で初めての感染例が報告されました。

患者は武漢市から日本に帰国した中国人で、1月3日に発熱。国立感染症研究所が検査した結果、陽性反応が出ました。ただこの時点では、厚労省結核感染症課は「人から人に感染が続いていく状況は確認されていない」とし、WHOも「緊急事態にはあたらない」と判断しています。

しかしながらその後、中国での感染は爆発的に増加。26日の段階で2000人を超え、日本国内でも4人目の感染例が発表されます。28日に日本政府は新型コロナを、感染症法にもとづく「指定感染症」に指定

する方針を閣議決定。これにより患者への入院勧告や就業制限などが行えるようになりました。

　同28日には初めて日本人の感染例が報告され、この頃から新型コロナの報道が一気に増えます。患者は武漢からのツアー客を乗せて大阪・東京間を往復していたバス運転手で、同乗していたバスガイドからも感染が確認。これらの感染例から厚労省は「人から人への感染が認められる」と発表。それでも1月の段階では、国内での感染者数は13人でした。

● ウイルスの驚異を知らしめたクルーズ船集団感染

　新型コロナ対策で最初の大きな山場となったのは、大型クルーズ船「ダイヤモンド・プリンセス」での集団感染です。乗客乗員3711名を乗せたクルーズ船は鹿児島や香港、ベトナムに立ち寄ったあと、2月3日に横浜港に帰港しましたが、香港で下船した乗客がコロナに感染していたことが判明しました。

　政府は船内で乗客らを隔離。2週間にわたってウイルス検査や健康確認などの検疫が行われ、陽性者は医療機関に搬送するなどの措置が取ら

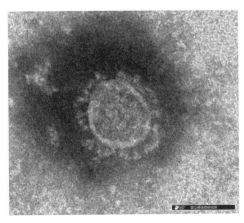

新型コロナウイルスの電子顕微鏡写真（国立感染症研究所提供）。

れました。船内では感染拡大を防ぐために「清潔」と「非清潔」のエリアを分けるゾーニングが実施されていました。しかしながらそれは、両エリアの境がパーティションで仕切られていただけという防疫上、相当問題のあるものでした。さらに、経過観察期間を経て下船した乗客から陽性反応が出る事例も相次ぎ、最終的にクルーズ船による感染者数は712人、うち死者は13人。実に船内の5分の1以上の人間が感染しました。

　また、このクルーズ船騒動の最中、ショッキングな出来事が報じられました。13日に国内初の死者が出たのです。患者は80代の女性で、患者の親族からも感染が確認されました。この頃から感染経路が不明な患者の報告も増加するようになり、市中感染が強く懸念されるようにな

集団感染の発生で乗客乗員約3700人が船内隔離されていたクルーズ船「ダイヤモンド・プリンセス」。写真は2020年2月19日、乗客らの下船準備が進む横浜港の様子（毎日新聞社提供）。

ります。

　こうした状況を受けて、16日には医学的な見地から政府に助言を行う「新型コロナウイルス感染症対策専門家会議」が発足、翌日に厚労省は相談・受診する際の目安として「37.5度以上の発熱が4日以上続く」などの症状を挙げます（後日この目安は削除されました）。さらに26日、安倍晋三総理（当時）は大勢の人が密集する全国規模のイベントの開催について2週間の自粛を求め、翌27日には全国全ての小学校、中学校、高校と特別支援学校に3月2日から春休みに入るまでの期間を臨時休校とするよう要請します。しかしこれは、あまりにも唐突な発表だったため、ひとり親世帯や共働き世帯、教職員、さらには学校給食に牛乳を卸している酪農家などの間からも強い困惑の声が上がりました。

● 感染拡大防止の切り札、「緊急事態宣言」を発令

　2月下旬の感染者数は1日当たり10〜20数人の単位でしたが、感染は確実に広がっていきました。それにともない、識者の間からは政府が「緊急事態宣言」を発令し、より迅速で強い対策を取るべき、との意見も聞かれるようになります。これを受け3月13日には新型コロナを「新型インフルエンザ等対策特別措置法」の対象に加える改正法が成立。対象地域の自治体首長は住民に対し、不要不急の外出の自粛や映画館など多くの人が集まる施設の使用制限などの要請が可能となりました。

　3月の終盤にはさらに感染者数は急増。26日には初めて1日の新規感染者数が100人以上となり、月末には累計感染者数が2000人を超えました。4月1日には、かねてからのマスク不足に対し、安倍総理は布製マスクを全戸に2枚ずつ配布する方針を表明。同日に日本医師会は大都市圏を念頭に「一部地域で病床が不足しつつある」として、これ以

上の感染患者の増加は医療崩壊を招くと指摘し、「医療危機的状況宣言」を発表します。さらにその日の専門家会議でも、「医療供給体制が逼迫<ruby>逼迫<rt>ひっぱく</rt></ruby>しつつある」として医療現場に危機が迫っていることが示されました。

そしてついに4月7日、安倍総理は東京都をはじめとする7都道府県を対象に期間を区切った緊急事態宣言を発令（政府は「発出」という文言を使用）。記者会見で総理は、現状のペースで感染拡大が続けば感染者は2週間後に1万人、1カ月後には8万人を超えることになるという予想を述べ、そのうえで「専門家の試算として、人と人の接触機会を最低7割、極力8割削減できれば2週間後には感染者の増加を減少に転じさせることができる」と国民に外出の自粛要請を呼びかけました。

16日、さらなる抑止策として全都道府県を緊急事態宣言の対象に拡大。これは都市部からの人の移動により感染拡大の傾向が見られたために行われた措置で、実際、宣言後の11日の感染者数は1日の人数として最多の700人を超えていました。

●コロナショックによって経済が一気に悪化

緊急事態宣言の発令が功を奏したのか、感染者数は減少傾向に転じつつありました。しかし解除の期日の2日前である5月4日、一定の効果が現れ始めているものの、まだ感染者の減少が十分なレベルと言えないとして、安倍総理は緊急事態宣言の延長を表明します。

この外出自粛は、経済に激甚なダメージをもたらしました。経済産業省（以下、経産省）の特定サービス産業動態統計調査によると、例えば遊園地・テーマパークの売上高前年比は2月時点でマイナス18%の減少に転じていましたが、4月以降はマイナス99%という凄まじい数字となります。結婚式場業も2月はプラスであったものの、3月にはマイ

2020年3月11日、世界保健機関（WHO）のテドロス事務局長は、「新型コロナウイルスはパンデミック（世界的な大流行）と言える」と表明（画像は「World Health Organization - YouTube」より）。

ナス45％、5月にはマイナス98％と激減します。

　その後5月7日には3月30日以降、初めて感染者数が100人を下回り、緊急事態宣言は14日に39県で、25日には全てで解除されました。1カ月半以上にわたる自粛生活にもようやくピリオドが打たれたのです。

　しかしながら、宣言解除後も飲食店や観光地が以前のような客足を取り戻すには相当時間がかかると予想され、それを裏づけるように緊急事態宣言下での4月、5月の倒産件数が175件であるのに対し、解除後の6月、7月は215件と増加しています。政府は新型コロナの感染拡大の対策で、2020年度の第1次・第2次補正予算で一般会計から合計で約60兆円近くを歳出。国民1人当たりに一律10万円を給付する「特別定額給付金」や「子育て世帯への臨時特別給付金」、事業者に対しては「持続化給付金」「家賃支援給付金」などの経済支援策を講じましたが、

緊急事態宣言発令から1日（2020年4月8日）、閑散とする東京・秋葉原駅周辺（毎日新聞社提供）。

申請にあたってのトラブルやスピード感の欠如など、批判の声も上がりました。

　さて、一時は1日30〜40人程度で抑えられていた感染者数も再度増えはじめ、東京都では7月2日に100人、9日には200人を超え、31日には400人台を突破。全国でも陽性者は増え始め、それまで感染者がゼロだった岩手県でも29日に初の感染者が確認されました。

　感染者数が再び増大する中、PCR検査の拡大に関する論議や、東京都を除外してまで行われた「Go To キャンペーン」（7月22日開始）の是非が連日メディアでも取り沙汰されています。私たちは、新型コロナの第2波が到来している中で、ウイルスの活動が活発化しやすいとされる秋冬を迎えようとしています。

PART 1

改めて知っておきたい
新型コロナウイルスの
基礎知識

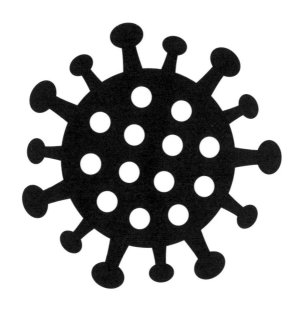

第2波・第3波を見据えた 新型コロナウイルスに関するQ&A

Q 新型コロナとは、どのようなウイルスですか？

A コロナウイルスにはさまざまな種類があります。一般的な風邪の原因となるウイルスから「重症急性呼吸器症候群（SARS）」や「中東呼吸器症候群（MERS）」といった重度の呼吸器感染症を引き起こすウイルスまで含まれます。人に感染する7つ目のウイルスに特定されたのが、「新型コロナウイルス（SARS-CoV-2）」です。また、新型コロナによる感染症を「COVID-19」と呼びます。

Q どのようなルートで感染しますか？

A 一般的には「飛沫感染」と「接触感染」があります。感染者の飛沫（くしゃみ、せき）によって移るのが飛沫感染。ウイルスが付着した物に触ることで感染するのが接触感染です。

なお、空気中に漂うウイルスによって感染するのが「空気感染」ですが、世界保健機関（WHO）は、これまで飛沫感染と接触感染の2つが感染経路としていました。しかし2020年7月に入って「空気感染の可能性は排除できない」との見解を提示。感染防止策として、とくに「3密」空間における換気の徹底が重要とされています。

Q 物に付着した新型コロナはどのくらい生存していますか？

A WHOでは、新型コロナは、プラスチックとステンレス鋼では最大72時

間（3日間）、銅では4時間未満、段ボール紙では最大24時間生存するとしています。なお、ウイルスは粘膜に入り込むことはできますが、健康な皮膚には入り込むことができず、表面に付着するだけといわれています。

Q 新型コロナウイルス接触確認アプリ（COCOA）の利用が始まりましたが、「濃厚接触者」の定義とは何ですか？

A 「3密」の状況などにより感染の可能性は異なりますが、「濃厚接触者」と判断する要素として、感染可能期間内（発症日の2日前から隔離などをされるまでの期間）の患者と近距離（1メートル以内）で、マスクなどの必要な感染予防策なしで15分以上接触があった人としています。

Q ハエや蚊、あるいはペットからも感染しますか？

A 現時点では新型コロナがハエや蚊を介して人に感染した情報はありません。同じくペットから人に感染した事例も見つかっていません。しかし、感染した人からイヌ、ネコに感染したと考えられる事例が数例報告されています。

新型コロナに感染している人と1メートル以内の距離で、マスクなしで15分以上会話すれば、誰もが「濃厚接触者」になる可能性があります。

Q 新型コロナの潜伏期間はどれくらいですか？
また、どのような症状が出ますか？

A 感染から発症までの潜伏期間は1日〜14日で、多くの人は5日程度で発症するといわれています。一般的な症状としては、発熱やせきが中心で通常の風邪と見分けがつきにくいのですが、せきが長引くことが多く（1週間前後）、強いだるさ（倦怠感）を訴える人が多いです。また、嗅覚障害・味覚障害を訴える人も多いことが分かっています。

Q 無症状の人からも感染しますか？

A 新型コロナに感染しても30〜50%の人は症状が出ないとされています。ちなみに、2020年1月14日〜5月25日の期間で国立感染症研究所の感染症発生動向調査では、新型コロナ感染者1万6386例のうち、1753例が無症状の病原体保有者でした。WHOでは、新型コロナに感染した人の約40%は無症状の感染者から移されている、との見解を示しています。無症状の人が気がつかないうちに感染を広げている可能性は否めません。

Q 軽症、中等症、重症とは、それぞれどのような状態を指しますか？

A 厚労省作成の『新型コロナウイルス感染症 診療の手引き［第2版］』では、「軽症」は呼吸器症状がなく、せきのみで息切れがない状態。「中等症I（呼吸不全なし）」は息切れや肺炎の所見。「中等症II（呼吸不全あり）」は酸素投与が必要な状態。「重症」は集中治療室に入室ないし人工呼吸器が必要な状態としています。

　なお、感染者の80%が軽症のまま治癒しますが、20%が肺炎の症状が悪化して入院。さらに人工呼吸管理が必要な症例で5％が集中治療室での治療が必要となり、2〜3％が致命的になるとされています。

Q 新型コロナで重症化しやすい人の傾向は？

A 高齢者や糖尿病、心不全、呼吸器疾患、心血管疾患、免疫抑制剤や抗がん剤などを用いている人など、基礎疾患を有する患者が重症化するリスクが高いとされています。軽症者が多いといわれる若年層でも、免疫が過剰反応を起こす「サイトカインストーム」で重症化する事例も報告されています。

Q 新型コロナから回復しても後遺症はありますか？

A イタリア・ローマのジェメッリ大学病院の調査結果では、倦怠感、呼吸困難、関節痛、胸痛を訴える人の割合が高いとしています（2020 年 7 月 28 日東京都医学総合研究所 HP より）。また、米国立アレルギー・感染症研究所は2020 年 7 月の記者会見で、「数週間にわたって生活に支障が出るほど症状の長期化、深刻化が見られる」といった指摘をしています。日本では現在、厚労省が後遺症に関して実態調査を進めています。

Q 妊娠中に感染した場合、重症化しやすいですか？ また、胎児への影響はありますか？

A 日本ではデータが少なくまだよく分かっていませんが、海外の報告例では、経過や重症度に関しては妊娠していない人と変わらないとされています。胎児のウイルス感染症例が海外で報告されていますが、現時点では先天性障害や死産、流産のリスクが高いという報告はありません。

　なお、子どもの感染者数は大人に比べて少ないですが、感染のしやすさは大人と同じで、とくに 2 歳未満の子どもは比較的重傷化する傾向があるので注意が必要です。

Q 家族が感染した場合、家庭内で気をつけることは？

A 日本環境感染学会では、次の8つのポイントを挙げています。

①感染者と他の同居者の部屋を可能な限り分ける ②感染者の世話をする人は、できるだけ限られた方（1人が望ましい）にする ③できるだけ全員がマスクを使用する ④小まめにうがい・手洗いをする ⑤日中はできるだけ換気をする ⑥取っ手、ノブなどの共用する部分を消毒する ⑦汚れたリネン、衣服を洗濯する ⑧ゴミは密閉して捨てる。

また、感染者の家族や同居している人は、すでに感染している可能性もあります。感染者の症状が軽快してから14日間経過するまでは、健康状態を監視することを推奨しています。

Q 感染拡大防止のためにPCR検査が大切だとよく聞きますが、なぜ諸外国と比べて検査数が少ないのですか？

A 新型コロナにおける日本のPCR検査は、当初「重症例及びクラスター対策を優先」「無症状、軽症の感染者にはPCR検査を行う必要がない」という方針で検査が行われていました。また日本ではPCR検査について、感度（陽性者を正しく陽性と判断する）と特異度（陰性者を正しく陰性と判断する）の誤判定（仮想例として感度約70％、特異度99.9％としています）によって、

今後の感染拡大を見据えて、PCR検査体制の拡充が求められています。

PCR 検査を拡充すれば偽陽性や偽陰性の問題が拡大し、保健所の負担の増大やコスト面においても見合わない、という感染症の専門医や学者の意見が今も根強くあります。

しかし、実施件数は諸外国と比べて格段に少なく（米国の約 150 分の 1、英国の約 10 分の 1 ）、厚労省では検査の実施件数を増やしていくことが課題として、医師が必要と判断した患者に対してスムーズに検査ができる体制を進めており、PCR 検査能力について 9 月末までに 1 日最大計 7 万 2000 件分を確保するとしています。

日本医師会の COVID-19 有識者会議は今後の新型コロナに対する PCR 検査について、「社会経済活動と感染制御の両立のためには、市中における無症状陽性者の早期発見が重要」であり、そのためには「社会経済活動上、検査を必要とする市民が、有病率に拠らず容易に検査を受けられる公的な体制を確立」すべきと提言しています。

Q　抗原検査、抗体検査とはどのようなものですか？

A　陽性・陰性の確定診断には PCR 検査（遺伝子検査）を中心に用いられてきましたが、検査時間の長さや専用の機器が必要であり、しかも高コストであることから、富士レビオ株式会社の抗原検査キット「エスプライン SARS-CoV-2」が、ウイルス抗原検査キットとして承認されました。

抗原検査は特別な機器が必要なく、検体採取から約 30 分で判定できるという簡便性が注目されています。しかし PCR 検査に比べて、感度・特異度共に劣ることから擬陽性・偽陰性の問題もあり、実用性においては PCR 検査と合わせて効率的に使うことが求められています。

抗体検査は、患者の血液の中の特異抗体を検出する方法で、確定診断の検査というよりは、感染の既往を示す抗体を保有しているかどうかを把握するための疫学調査において有用と考えられています。

Q ワクチンの開発状況はどうなっていますか？

A WHO の報告では 9 月 3 日時点で、現在、臨床試験に入っているワクチン候補は 34 種類、このほかに 142 種類が前臨床の段階にあるとされています（2020 年 9 月 4 日 AnswersNews より）。厚労省は 8 月 28 日、米モデルナ社が開発中のワクチン 2000 万人分（4000 万回分）の確保に向けて交渉中と発表しました。すでに基本合意している 2 社（米ファイザー社・英アストラゼネカ社）のワクチンも含め、2021 年前半までに全国民に提供できる数量の確保を目指しています。

しかし、ワクチンの接種には副反応によって健康被害が生じる危険性があり、実用化にあたっては有効性と安全性の慎重な検証が求められています。

Q 季節性インフルエンザが流行する秋冬に向けて、考えるべきことは何ですか？

A 季節性インフルエンザと新型コロナの感染の症状は似通っており、鑑別は困難とされています。そのため政府では、季節性インフルエンザが同時に流行するのに備えて、抗原検査の簡易キットを拡充するなどして、1 日 20 万件程度まで検査能力を引き上げる目標を掲げています。

また、日本感染症学会と日本環境感染学会では、新型コロナが「風邪コロナウイルスとしての特徴がみられるとすれば、11 月以降の秋から冬にかけて増加する」ことを想定しなければならないとし、第 1 波が 2 月〜 5 月だったことを考えると、「今度は 11 月〜 5 月であるとすると、7 カ月にわたって流行が持続する」可能性があるとしています。

※以下の文献をもとに参考に作成しました（2020年9月5日時点）。
厚生労働省「新型コロナウイルスに関する Q&A」
国立感染症研究所「新型コロナウイルス感染症（COVID-19）関連情報ページ」
一般社団法人日本感染症学会・一般社団法人日本環境感染学会「第一波を乗り越えて、いま私たちに求められる理解と行動」「新型コロナウイルス感染症に対する検査の考え方」
日本医師会 COVID-19有識者会議「COVID-19感染制御のための PCR 検査等の拡大に関する緊急提言」
国立成育医療研究センター「妊婦さんの新型コロナウイルス感染症に関する FAQ」
日本小児科学会「新型コロナウイルス感染症に関する Q&A について」

PART 2

「うつさない・うつらない」 新しい生活で 気をつけたいこと

新型コロナ感染予防の最善策 「3密回避」と新しい生活

新型コロナウイルスの感染予防策の基本が「3密回避」。
その行動様式を改めてチェックしておきましょう。

　新型コロナの感染経路は、主に飛沫感染と接触感染と考えられています。しかし、せきやくしゃみの症状がなくても、多くの人と近距離で会話をするような環境にあれば、感染拡大のリスクが高まることも指摘されており、「5分間の会話で1回のせきと同じくらいの飛沫が飛ぶ」との報告もあります。これらを踏まえたうえで提唱された予防策の1つが「密閉」「密集」「密接」、いわゆる「3密」の回避です。

　「密閉」とは換気の悪い密閉空間を指し、これを避けるためには空気の流れができるよう2方向の窓を全開することが推奨されています。換気は1時間に2回、数分間程度が目安。窓が1つしかない場合は入口のドアを開け、さらに扇風機や換気扇を併用すればより換気の効果が期待できます。

　「密集」は人の密集する場所を指し、回避策としては人の密度を下げることが挙げられます。そのため、大勢が集まるイベント会場などでは、互いの距離を2メートル以上空けることなどが求められています。

　「密接」は近距離で会話や発声をすることであり、こちらは屋内外を問わず発生しやすい状況です。会議などで対面での会話が避けられない場合は、十分な距離を保ち、互いの飛沫が飛ばないようマスクを着用しま

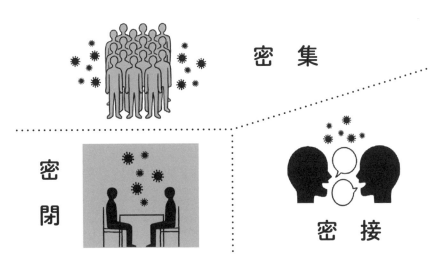

密集

密閉

密接

世界保健機関（WHO）も日本にならい新型コロナの感染予防として「3密回避」を呼びかけました。

しょう。

　この「3密回避」は2020年5月4日に厚労省が公表した「新しい生活様式」にも盛り込まれました。「新しい生活様式」とは長期化が予測されるコロナ禍において、専門家会議が提言した今後の日常生活のあり方です。そこでは感染予防策の実践例が示されていて、帰宅後の手洗いは30秒以上行うこと、人混みの多い場所を訪れたあとはすぐに着替えてシャワーを浴びること、毎朝体温をチェックすることなど、いずれも決して難しくはない行為が述べられています。

　幸いなことに現在のところ、日本人は欧米に比べ重症者数、死亡者数が低い状態にあります。ただし、新規感染者が増えると当然ながら重症者数が増えるのは自明です。感染対策としてはPCR検査の拡充が第一ですが、私たちが日常生活でできる予防策として、まずは「感染しない」、そして「人にうつさない」ことを第一に考え「3密回避」を着実に実行していくことが大切なのです。

02 感染予防の一丁目一番地 こまめな手洗いの重要性

手洗いと合わせて注目を集めるのがウイルスの消毒と除菌。
しかし使い方を誤れば人体にダメージを与える液剤も！

　コロナウイルスに感染する経路として、一番気をつけたいのが「手」
です。人間は意識、無意識にかかわらず、手で多くの物に触れます。ウ
イルスの体内への侵入経路は、鼻や口、目などの粘膜からです。つまり
ウイルスの付着した手で粘膜に触れると、そこから感染してしまう恐れ
があります。そのため、手についたウイルスをきれいに洗い流すことが、
感染予防の基本となるわけです。

　手の洗浄は、石けん液と流水で汚れや通過菌（日常生活で皮膚の表面
や爪に付着した菌）の一部を除去します。手全体や手のしわ、指の間な
どもしっかりと石けん液を泡立てて行き渡らせるのがポイントです。短
い時間では落とし切れないので、30秒を目安に心がけましょう。

　それでも除去できなかったウイルスを消毒するのが、アルコール消毒
液です。コロナウイルスはエンベロープウイルスという脂質性の膜を
持ったウイルスなので、アルコール消毒によりダメージを受けやすいと
考えられています。アルコール消毒液は多くの種類が販売されています
が、好ましいのは濃度が約70％以上のエタノールです。

　抗菌製品も売り上げを伸ばしているようですが、「抗菌」という名前
だけで判断してはいけません。例えば「トリクロサン」という成分は、

除菌液の効果を低下させるうえに菌が薬に対して抵抗力を持ってしまう危険がある、と指摘されています。

　また、大きな問題になっているのが「次亜塩素酸ナトリウム液」です。厚労省と経産省は、手すりやドアノブなどの消毒には次亜塩素酸ナトリウムが有効、と呼びかけています。濃度を0.05％にすると、消毒液を作ることができますが、これを加湿器に入れて噴射するのは危険です。加湿器用に使われる「次亜塩素酸水」と名称は似ていますが、次亜塩素酸ナトリウムはアルカリ性。強力な殺菌作用はあるものの、人間の体に大きなダメージを与えます。ヌルヌルした触感は次亜塩素酸ナトリウムの性質ではなく、皮脂のたんぱく質が分解されている証拠。コロナ対策のために消毒アイテムを「自作」するのが一番危険なので、基本的な手洗いを徹底するのが最も安全といえるでしょう。

手袋は感染予防に役立つ？　効果と使用法の注意点

　感染予防のために手袋をしている人を見かけますが、それでも物を触り、そのまま顔を触ると結局同じことです。逆に手袋をしていることで接触感染から守られた気分になり、安心していろいろな物に触り、感染リスクを高めてしまう場合も考えられます。また手袋を外すたびに、しっかりと手洗いをするのが大切です。つまり手袋を着用すると、していないときより注意点は多くなるのです。

他人に感染させないために
マスク着用の新習慣

マスク着用がマナーとなった昨今ですが、その意義を
理解するとともに、使用方法にも注意が必要です。

　新型コロナの怖いところは、感染者が無症状（あるいは発症前）でも人に移す恐れがあることです。そこで新型コロナウイルス感染症専門家会議から発表された「新しい生活様式」では、屋内でも会話をするときは症状がなくてもマスクを着用、と提言されています。

　国からマスク着用が強く推奨される動きは、実は約100年前にもありました。1918年、第１次世界大戦で兵士によって運ばれ世界中で大流行した「スペイン風邪」の対策です。サンフランシスコ市は同年10月に到来した第２波を受け、流行を封じ込めるため「マスク条例」を出しました。公共の場や出歩く人たちにマスク着用を義務化。警察が中心となって市中を見回り、キャンペーンソングも作られたといいます。

　しかし着用義務が解除になってからは、感染予防と経済回復の間で対策がままならなくなりました。そして結局、感染者数が再び増加した点など、現代のコロナ騒動と似ています。

　今後もマスク着用は生活様式の１つとして定着していくことでしょう。だからこそ、健康に応じた使い方を改めて見直すことが必要です。

　気温・湿度の高い中でのマスク着用は、口元から逃げるはずの熱が逃げにくくなるので危険です。マスクをつけていると口の中で湿度も保た

れるので、脳が水分のある状態と誤認識し、自覚症状が出た頃にはかなり危険な脱水症状になっているケースが多いのです。夏以外の季節でも熱中症の危険性は指摘されています。こういったことから、身体的距離を確保できる屋外ならマスクを外した方がいいでしょう。

　また、スポーツやランニング時のマスク着用も熱中症や呼吸不全の危険があり、海外では死亡例も出ています。日本臨床スポーツ医学会と日本臨床運動療法学会は「屋外運動時のマスクや口鼻を覆うものの着用は、基本的には推奨しない」との共同声明を出しています。

　なお、マスク着用の習慣が定着するとともに、最近では「マスクをしない＝マナー違反」という偏見も出てきていますが、感覚過敏などの事情でマスクを着用できない人もいます。そのため、過剰な指摘は控えたいものです。

スーパーコンピューター「富岳（ふがく）」を使った計算では、マスクによって飛沫の拡散を約8割防ぐことができるという結果が出ました（理化学研究所 2020 年8月 24 日公表）。

ソーシャルディスタンスの正しい捉え方を再確認

感染拡大を防ぐための重要な手段が「ソーシャルディスタンス」。withコロナ社会の新しいマナーとなりました。

　新型コロナの感染拡大予防策として「3密回避」とともによく耳にするようになったのが、「ソーシャルディスタンス」です。日本語では「社会的距離」などの意味があり、これは人との距離を一定以上確保することで、飛沫感染や接触感染を防ぐ手段のことをいいます。この「一定以上」という距離について、厚労省では2メートル程度（最低でも1メートル）、人との間隔を取ることを勧めています。

　通常、せきやくしゃみ、会話などによって飛散する飛沫は、大きなものであれば水分の重さのため約2メートル先で落下します。これが「2メートル」の距離を空ける根拠となっています。具体的な距離が把握しづらい場合は、成人がお互いに両手を伸ばしてぶつからない程度の距離を意識されるといいでしょう。

　ただし、その距離を保てば万全かといえば、そうともいえません。なぜなら飛沫でも5マイクロメートル（1000分の5ミリメートル）未満の微細な粒子は落下せず、空中を漂い続けるからです。そのため「3密」の環境では、ある程度人と距離を置いていても「マイクロ飛沫感染」が起こりやすいといわれています。対策としては、こまめな換気が求められます。密閉空間であればマイクロ飛沫は室内に残留したままになりま

すが、窓を開け部屋の空気を入れ替えると、粒子が小さいぶん空気の流れでウイルスの排出が可能になるからです。

さて、このソーシャルディスタンスという言葉はすっかり日本社会に定着しました。しかし「社会的距離」という表現では、「人とのつながりの減少により社会的孤立が生じる」恐れがあるとされます。そこで世界保健機関（WHO）では、意味を明確にするために「フィジカルディスタンス」という言葉への言い換えを推奨しています。「フィジカル」には「身体的・物理的」という意味があり、そこには「心理的な距離でなく、あくまで物理的な距離を取る」というメッセージが込められています。

いずれにしても、ウイルスに有効なワクチンがなく治療法も確立されていない現状においては、ソーシャルディスタンスは感染拡大を防ぐための重要な手段の１つと考えられています。せきエチケットや手洗いの徹底、マスク着用とともに、ぜひ守っていきたいマナーです。

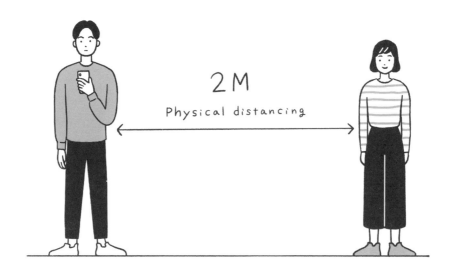

05 スーパーやホームセンター 買い物場面ではココに注意

私たちが普段利用するお店を感染源にしないためにも、守っておきたい感染予防の具体例を挙げてみました。

コロナ禍において外出の自粛が幾度となくアナウンスされました。しかし食料品や日用品などを購入するために、スーパーやホームセンターへ足を運ぶことは避けられません。

お惣菜をつかむときに使うトングにもウイルスが付着している可能性があるので注意が必要です。

これらの場所も大勢の人が集まるので、「3密」が起こりやすい空間といえます。それゆえ、滞在時間はできるだけ短くしたいもの。そのためには入店前に、あらかじめ購入する品物を決めておくとよいでしょう。そして入店するのは混雑した時間帯を避けて、少人数、できれば1人で。これを多くの人が心がけることで、少しでも「密集」を避けることができます。

入店の際には必ずマスクを

着用し、店に備えつけの消毒液があれば手指を消毒して店内へのウイルスの持ち込みを防ぎます。買い物中はつい商品を手に取って「品定め」をしてしまいがちですが、こちらも感染予防の観点から最低限にとどめましょう。新型コロナは物にも付着し、商品パッケージなどに使用されることの多いプラスチックの表面では72時間程度残存するとされているからです。

　店内では自身の顔にも触れないように気をつける必要があります。というのも、買い物カゴやカートなどには他人の飛沫が付着している可能性があり、それに接した手で目や鼻を触ると粘膜からウイルスが侵入する恐れがあるからです。

　そしてレジに並ぶ際には、前の客との距離を約2メートル確保するよう意識しましょう。最近では多くの店で床に距離を確保するための目印を貼るなどして、客にソーシャルディスタンスの順守を呼びかけています。

　さらに店員と接触する会計の際にも注意が必要です。不特定多数の人間が触れた現金の手渡しには、自身とレジ担当者の双方に接触感染を引き起こす可能性があります。そのため可能であれば、決済端末にカードやスマートフォンをかざすだけで処理できる電子マネーの使用が望ましいでしょう（54ページ参照）。店を出る際にも手指のアルコール消毒を忘れずに。店内で手についた可能性のあるウイルスをしっかり消毒し、家に持ち帰らないようにします。

　自分自身はもとより店員の感染を防ぎ、また地域の店を感染拡大の場にしないためにも、これらの対策はしっかり行っていきたいものです。

06 電車やバスなどの交通機関で
注意したい二、三の事柄

感染防止が難しいのが毎日利用する電車やバスですが、
ちょっとした意識の持ち方でリスクが回避できます。

　新型コロナの感染拡大で最も危惧されながらも、防ぐのが難しいのが
通勤や通学による交通機関での感染です。不特定多数の人が利用し、と
くに出勤や帰宅時の満員電車は「3密」が避けられず、クラスター発生
の原因にもなりかねません。

　感染リスクを減らすには、何より乗車率を減らすこと。政府は2020
年3月28日に発表した「新型コロナウイルス感染症対策の基本的対処
方針」の中で、「職場に出勤する場合でも、時差出勤、自転車通勤等の
人との接触を低減する取組を引き続き強力に推進すること」としていま
す。

　公共交通機関を利用する必要がある人は可能な限り、混雑を避けた
ルートや時間帯での利用を試み、車内を「密」な環境にしないことです。
公共交通機関各社のホームページで混雑する時間帯が公開されているほ
か、混雑時間と混雑状況が確認できるサービスアプリもあるので、
チェックしておくと便利です。

　また、快速や急行ではなく、各駅停車の利用も推奨されています。な
ぜなら、頻繁に停車するので車内の空気が入れ替わり、換気状態がよく
なるのに加え、比較的乗客数が少ないという利点があるからです。

一番気をつけたいのは、多くの人が触る手すりやつり革。ウイルスがついている可能性はありますが、かといって触るのを避けるあまり転倒してしまう危険もあるので、必要があればつかまること。しかしその手で、目、鼻、口は触らないようにしましょう。そして目的地に着いたら、すぐに手洗いによる消毒を。この手順を踏めば、リスクはかなり軽減できます。また、車内でスマートフォンを見る人も多いですが、つり革や手すりを触った手で操作することで画面にウイルスが付着する恐れもあります。スマートフォンを小まめに消毒シートで拭くのもいいですが、できれば車内でスマートフォンを持たないクセをつけましょう。

　鉄道各社が加盟する鉄道連絡会は、国の方針にもとづき、5月に感染症対策のガイドラインを公表。全車両の抗ウイルス加工を急いでいます。多くの人が利用する公共交通機関だからこそ、利用者一人ひとりが予防をしっかりとしておくことで、感染リスクは軽減されるのです。

新たな「気づき」を得た
アフターコロナの働き方

テレワークや時差出勤、ローテーション勤務など、
新型コロナは職場の風景を大きく変えました。

　コロナ禍で大きく変わったのが「働き方」です。決まった時間に出勤し、会議に出席して定時で帰るという、当たり前だったローテーションを崩す必要が出てきたからです。

　まずは、「3密」の最たるものとなる満員電車を避けるため、通勤頻度を減らし、在宅やサテライトオフィスで仕事をするテレワークや時差出勤、ローテーション勤務、週休3日などが推奨されました。

　オフィス勤務では、マスク着用はもちろん、一定の距離を保てるよう人員配置をするのが基本となりました。飛沫感染の予防のため、アクリル板や透明ビニールカーテンなどでパーティションを区切り、席と席との間を遮断するといった会社もあります。打ち合わせも対面の必要があるのかどうかを見分け、急ぎではない出張や会議、名刺交換もオンラインで行うことが主流になっています。

　また、37.5度以上の発熱、せきなどの症状がある場合、出勤を控え自宅療養が必要となりました。これまでは休みを取ることに対して「怠け」という意識が強く、周りの目もあり少々具合が悪くても出勤するという感覚があった日本社会ですが、新型コロナの感染拡大で、その点も大きく変わったところです。

長年、会社で当たり前のように受け継がれていた習慣や作業が、本当に必要なのか仕分けする動きも出てきました。その1つが「押印」で、政府は契約書などの押印は必ずしも必要ないとの見解を示し、そのための出社や作業を減らし、テレワークを推進しています。「本当にその作業、いるの？」と会社ごとに考えていく。withコロナの時代は、一度立ち止まり、働き方を変えていく契機ともいえます。

　とはいえ、今回必要とする働き方の変化は、周囲と足並みを揃える日本社会の体質的に、なかなかすぐには取り入れられにくい部分もあります。それでも国からは、テレワークの導入や新型コロナの感染防止対策への投資を実施する企業には、補助金の制度を用意しています（70ページ参照）。経営のトップが率先し、対策の策定・変更について検討する体制を整えることが重要になってきているといえるでしょう。

これから日本でもテレワークは普及する？

　労働時間の管理規制が緩いアメリカやカナダ、フィンランドでは、すでに普及率が高いテレワーク。しかし、団体行動を大切にし、対面を重要視する日本の会社では、普及にはまだまだ時間がかかると見られています。また、仕事の内容や評価基準の不明確さに加え、資料の電子化があまり進んでいないこと、セキュリティ問題の不安など、検討するべき課題が山積みなのが現状なのです。

外出を控える毎日…「おうち時間」の過ごし方（食事編）

新型コロナの感染拡大によって、家にいる時間が増えた人も多いはず。そこで頭を悩ませるのが毎日の食事です。

　多くの人が密集して飲食をすることが感染リスクを高めるとし、外食を控え、家で食事をする人が増えました。そこで大きなポイントとなったのが「自炊」との向き合い方です。

　余裕のある時間を有効活用し、凝った食事を作るようになった人も多いようで、ホームベーカリーや高機能オーブンなどで、普段は作らないような手のかかる料理に挑戦する傾向も見られました。最近では栄養バランスが計算された、レシピのサイトやアプリも豊富です。初心者用からプロ級レベルまで、作り方をそのままなぞるだけで、体によいメニューを作ることができます。

　SNSは、この「ちょっと頑張ってみた」自炊をアップし、充実感に変えるのにピッタリのツールです。「いいね」がつくのも楽しいですし、仲間たちで「リモートお料理会」を開き、お互いの調理の様子を映し、レシピを教え合うのもいいでしょう。しかし、その料理をツマミに飲みながら語り合う「リモート飲み会」は、終電など時間を気にせず続けられるため、飲酒量が限度を越す危険が高いので要注意。アルコールや食事の量の節度を保つのが必要です。あらかじめ食事量を決める、時間を区切るなど、設定を決めておいたほうがいいでしょう。

さて、子育て世帯をはじめ、家庭環境によっては毎日の自炊が大きな負担になりかねません。実際、７月〜８月の夏休み中に起きた第２波の頃には「自炊疲れ」というワードも注目されるようになりました。毎日、毎食ごとに献立を考えるというのは、とても大変なことです。レシピサイトを参考にしたとしても、調理する手間は省けません。

　そこで強い味方となるのが、ホットプレートやたこ焼き器、ホットサンドメーカー。こういった「焼く作業」を家族に任せることができる家電を活用すると、負担が１人に集中しません。同時に、ホームパーティーのような演出もできて一挙両得です。

　あるいは、週に何度か「自炊を休む日」を決めて、テイクアウトサービスを利用するのもいいでしょう。気晴らしにもなるのはもちろん、コロナ禍で苦境を強いられている飲食店の支援にもなります。

外出を控える毎日…「おうち時間」の過ごし方（運動編）

コロナ禍で普段より運動量が減ってしまった……。
そんな時こそ試してみたいのが自宅で簡単エクササイズ。

　自宅にいる時間が増えると、減ってしまうのが運動量。意識的に体を動かす時間を持たないと、基礎体力がどんどん落ちていくばかりです。

　厚労省は健康維持のため、1日60分以上の身体活動を推奨しています。60分は長いと感じるかもしれませんが、ここには通勤通学などの移動や掃除など、日常生活の中で体を動かす時間も含まれています。階段を上り下りするのも立派な運動。掃除機をかけたり、窓を拭いたり、洗濯物を干したりするのも、意外なほど体を動かしているものです。そういった時間だけでは足りない運動量を、自分で工夫して補えばいいのです。

　狭い空間でもできるといえば、簡単な筋トレやストレッチです。腹筋ローラーやダンベルなどの簡易スポーツ器具は、持っておくと便利でしょう。タオルを引っ張って二の腕を引き締めたり、ペットボトルに水を入れてダンベル代わりにしたりと、生活用品を活用するのも手です。

　的確に効果の出したい場合は、ストレッチのような軽い運動から、本格的なジムトレーニングまで、幅広く参考になるフィットネスアプリを活用するのがおすすめです。近頃では時勢に合わせてか、リモートサービスで、トレーナーとマンツーマンのレッスンを行える「オンライン教

室」も人気です。とくにヨガやピラ
ティスは、ポーズや呼吸法を画面で
しっかりと確認できると好評で、気分
的にリラックスが得られるのも大きな
魅力です。

　ところで、子どもからお年寄りまで
できる運動で、改めて注目されている
のが「ラジオ体操」。そもそもラジオ
体操の趣旨は「老若男女を問わず」「誰
にでも平易にできる」「内でも外でも、
いかなる場所でもできる」「多少趣味
的な」体操ということ。まさに、外出しにくい状況にピッタリな内容で
すし、正しい動きでポーズを取るとかなりの運動量になります。

　運動そのものが嫌い、苦手意識がある、という人は、簡単な繰り返し
の「ダンス」をしてみるのもおすすめです。好きなアイドルをまねるの
も楽しいですし、単調な動きの繰り返しの盆踊りも、自分の体力に合わ
せて続けることができます。「運動」を難しく考えるのではなく、楽し
く取り入れるのが継続のコツといえるでしょう。

屋外で運動したい！　散歩、ジョギングのポイント

　近所の散歩やジョギングの際、マスクを着用したままだと、体に負担がかかるこ
とがあります。朝方などの時間を選んで、周囲に人がいない場合は外しましょう。
また、普段ジョギングを行わない人が急に始めると、疲れや筋肉痛など、逆に体調
が悪くなる場合もあります。1日に長時間頑張らず、短時間で継続させるほうが安
全で、気分的にもリフレッシュします。

感染リスクを避けながら 安心安全に外食を楽しもう

食事の前後の会話はマスク着用、食事中は食べることに 集中するかたちが、アフターコロナの外食スタイル。

「新しい生活様式」でも示されているように、感染予防のためには「身体的距離の確保」と「3密回避」が重要とされています。そのため外食の際には、これらをきちんと実践している飲食店を選択することが賢明といえます。例えば、飛沫感染予防のためのパーティションが客席に設置されている店や、間隔を空けて座れるような配置をしている店、また換気を徹底している店、屋外にスペースがあるような店などを選ぶとよいでしょう。

　一方、複数人で飲食店を訪れて会食をする場合ですが、感染経路として、会食で感染するケースが増えている現状を踏まえても、利用者側の予防意識がより重要になります。

　食事をすると口の中で唾液の分泌が活発になり、その状態で大勢が会話をすれば、通常より多くの飛沫が飛散することになるからです。とくにアルコールが入ると呼吸数が増え、酔うと大声が出ることも考えられます。その結果、感染リスクが高まることになるので、食事中はできるだけ会話を控えることが望まれます。そもそも大声を出す状況にならないよう参加人数を制限するのも対策の1つで、例えば大阪府などは「5人以上」の飲み会や宴会の自粛を求めています（8月31日に解除され

ました）。

「会話は食事の前後でマスク着用をして楽しみ、食事中は食べることに集中する」。こういった心がけが会食時の感染予防策として求められています。また、飛沫が相手に飛ばないよう、席を横並びにしたり、テーブルを挟んで斜め向かいに座ったりするなど座席の工夫も必要です。

　会食では大皿から箸やトングを使い個人の皿に料理を取り分ける場面が見られますが、複数人で道具を共有すると接触感染が起こりやすくなります。そのため料理はシェアせず、個々に注文するスタイルがよいでしょう。同様の理由でお酌をしたりグラスを回し飲みしたりする行為も控えるべきといえます。

　ところで食事中にはマスクを外しますが、これを直接テーブルに置くのは衛生上問題があります。もし置いた場所にウイルスが付着していれば、マスクがそれを拾ってしまう可能性があるためです。最近ではマスクを収納する「マスクケース」も市販されているので、こちらを利用するといいでしょう。

withコロナ時代における
レジャーの新しい楽しみ方

家族や友人とバーベキューやキャンプ、ハイキング。
アウトドアレジャーなら感染リスクを避けられる？

　コロナ禍の長期化で、時には外出して羽を伸ばしたい気持ちも起こります。しかし感染リスクを考えると混雑した屋内のレジャー施設は避けたいところです。そこでアウトドアの計画を立てる人も多いのではないでしょうか。野外であれば、少なくとも「密閉」は避けられます。それでも大勢の人が集まると、そこは「密集」の場になり、大声で会話をすると「密接」が生じてしまいます。実際、バーベキューやキャンプをしていて、ウイルスに感染した例も報告されています。

　つまり野外であっても、身体的距離が保てないようなら食事中以外はマスクを着用し、接触感染を防ぐためにコップや皿、箸の使い回しをしない、さらに手洗いの徹底などの予防策が必要です。また、レジャー施設に赴くまでの道中では、スーパーで買い出しをすることもあるかもしれませんが、ウイルスをレジャー施設に持ち込まないためにも、立ち寄る場所では「3密回避」を心がけましょう。

　トレッキングやハイキングは歩行中に人と向かい合う状況が少なく、飛沫感染のリスクは比較的低いようですがゼロではありません。登山道には道幅の狭い場所もあり、近距離でのすれ違いや追い越しが発生します。その際、互いの飛沫を吸い込む可能性もあるので、やはりマスクの

着用が求められます。しかし、マスクをしたままでの行動は呼吸がしづらくなり、涼しい季節といえども熱中症の危険性が高まります。そのため、ほかのハイカーがいないような場所ではマスクを外すなど、体調管理に務めるようにしましょう。

　基本的にハイキングでも人との距離を2メートル程度空ける「身体的距離」の確保が求められますが、前方を歩く人の呼気を避けるため、前後一列ではなく斜め後方を歩くことが適切とされます。それでも登り道が長く続くようなエリアでは呼吸数も増え、多くの飛沫が飛ぶ恐れがあります。そのような場所ではいっそう距離を空けるよう心がけ、また息が上がらないよう歩幅を小さくしてゆっくり歩くなど、身体への負荷を軽減させるのがよいでしょう。感染予防を意識しながら自然を楽しむのが、with コロナ時代のレジャーのあり方といえそうです。

コロナ禍で人気を集めるキャンプですが、「密集」「密接」にならないように注意を。

12

新しい生活様式で、冠婚葬祭はどうなる？　どうする？

ブライダル業界、葬儀業界もwithコロナ時代に向けて、
さまざまな取り組みを始めています。

　厚労省が発表した「新しい生活様式」には、さまざまなシーンでの実践例が示されていますが、その中に「冠婚葬祭などの親族行事」があります。結婚式、葬儀、法要は、親族や大切な友人たちが集まる場ですが、クラスターが発生した例もあり、特別な注意が促されています。

　感染拡大時には、結婚式や披露宴の延期やキャンセルが相次ぎました。その一方で、withコロナの時代に向けた新しいウエディングの形をブライダル会社が次々と提案し始めています。招待客のテーブルにアクリル板を挟み、招待者が可能な限り全員マスクをすることは基本として、それ以外の細かな対策についても、業界数社が合同でガイドラインを作成するなど、積極的な取り組みがなされています。

　さらに増えているのが、結婚式を挙げずに写真撮影だけを行う「フォトウエディング」や映像配信をメインにした「Web婚」。式場費用が浮いた分、ドレスにお金をかけるカップルが多く、これからの主流になりそうです。

　さて、結婚式とは違い、延期・中止ができないのがお葬式です。こちらも全日本葬祭業協同組合連合会と全日本冠婚葬祭互助協会が共同で「葬儀における新型コロナウイルス感染拡大防止ガイドライン」を作成

しています。打ち合わせは電話や FAX、E メール、郵便物などを併用、参列者を限定して、おしぼりやお茶などはセルフサービスにするなど、対策が細かく盛り込まれています。また、「3 密」を避ける必要性から、お通夜を行わず、告別式と火葬だけの家族葬（一日葬）が注目されています。

　すでに幅広く活用されているのが、ビデオ会議アプリや動画配信サービスです。この方法だと同じ場所に集まることはできませんが、遠方の親族も読経を一緒に聞き、画面越しに故人の顔を見ることも可能になります。パソコンやタブレット端末などの操作が必要となりますが、多くの業者が細やかなサービスも取り入れ、リモートで多くの方の参列をかなえています。

アフターコロナの婚活はオンラインが主流となる？

　自粛期間の孤独感がきっかけで、結婚意識が高まった人も多いといいます。さらに Zoom などのリモートサービスの普及は、直接対面できなくてもオンラインで出会うことの抵抗意識を減らすきっかけとなりました。また、自由な時間に自宅でくつろぎつつ、相手を選ぶことができるマッチングサイトも、これからの時代の婚活の主流になるかもしれません。

13 コロナ禍だからこそ、高齢者の健康維持のためにするべきこと

新型コロナを恐れて外出を控える中で、高齢者の健康リスク、「フレイル」がクローズアップされています。

　新型コロナの感染で重症化のリスクが高いとされているのが高齢者です。一番の感染防止対策は外出を控えることですが、自宅にこもりきりの生活が長期化することで、別の健康リスクが高まる危険があるとされています。それが、運動不足による筋力の低下、孤立による精神的不安の高まりなど、生活の不活発により誘発される「フレイル」です。

　フレイルとは、2014年に日本老年医学会が提唱した健康な状態から要介護へ移行する中間段階のことで、「虚弱」を意味します。フレイル状態となれば、筋力が衰え疲れやすくなり、身体機能や認知機能の低下、うつ状態などが生じやすくなるとされます。

　しかし、周りが早めにその変化に気づき、適切に支援をすることで、健常な状態に戻ることができる時期ともいわれています。つまりコロナ禍でも、外出や「3密」を避けつつ、運動や人との交流を取り入れ、社会に参加するのが重要といえます。

　自宅でできるストレッチを習慣づけるだけでも予防になります。多くの自治体が楽しく工夫されている体操動画をアップしているので、テレビを楽しむ感覚で、こういった取り組みを活用するのもいいでしょう。

　また、運動不足や不安により食事の量が減って栄養不足になるのも、

フレイルの原因となります。低栄養になると免疫機能が低下してしまうので、3食しっかり噛んで食べて栄養を取ること。そして歯磨きをして口の中の健康を保つことも大切です。

　そして何よりも大事なのが、孤独感を減らすことです。人との交流や助け合いをすることで、心身の健康を保持できます。家族以外と直接会って情報交換をするのが難しい時期ですが、電話はもちろん、手紙を書いて近況を伝え合うのもいいでしょう。

　家族や友人が、高齢者にも使いやすいよう、インターネットやSNSの設定などを手伝っておくと便利です。とくにリモートサービスが使えるようにしておけば、家族が遠くに離れて住んでいても、画面を通して健康状態を確認でき、早めの対処ができます。

　このように、高齢者こそオンラインが必要になる時代。先延ばしにしていた人も、ぜひこの機会に取り入れましょう。

14

新型コロナ感染と自然災害 来るべき複合リスクに備える

「3密」の避難所で感染から身を守るためには……。
今からできる自然災害への備えと感染予防対策。

　新型コロナ感染拡大の状況でも地震や豪雨などの自然災害は待ってくれません。実際、2020年7月初旬には熊本県と鹿児島県に大雨特別警報が発令され、多くの住民に避難指示が出されました。

　災害が予想されるときには、自治体から避難が呼びかけられますが、避難所に大勢の人が集まると「3密状態」になり、ウイルス感染が拡大する恐れがあります。そのため今後の災害時には、指定避難所以外の場所で過ごす「分散避難」の検討が求められています。避難場所としては、安全なエリアにある親戚宅や友人宅、ホテル、また自宅にとどまって避難生活をする「在宅避難」などが挙げられます。

　しかし在宅避難は、自宅のある場所が災害の危険性が低いエリアであることが前提となります。そのため普段から各自治体が作成している「ハザードマップ（被害想定図）」で、自宅の周辺が土砂災害警戒区域や洪水浸水想定区域などに指定されていないかを確認しておきましょう。在宅避難が適していると判断すれば、事前の備えとして水や食料、カセットコンロなどの燃料を1週間分程度、備蓄しておくことが推奨されています。

　一方、避難所に行く場合には、健康状態を確認するための「体温計」

をはじめ、「マスク」「消毒液」などの衛生用品は持参するようにしてください。避難所に入れば身体的距離を取るようにして密集を避けます。そして他の避難者とは向かい合わせでなく背中を向けた状態で座るようにして、食事も飛沫感染を防ぐために各占有スペース内で取ることが望ましいでしょう（自治体によってはパーティションや簡易型テントを準備しているところもあります）。

　避難所では大勢の人と備品や設備を共有することになりますが、トイレや電気のスイッチ、ドアノブ、手すりなどは多くの人が高頻度で触れることになるので、注意が必要です。避難所の衛生状態を保つためにも、共有部分に触れる前と触れたあとでは徹底した手洗いや手指消毒が求められます。避難生活中は健康管理のため毎日検温を行い、もし発熱やせき、倦怠感などの症状が出たらすぐに避難所の運営スタッフに伝え、対応を求めましょう。

感染症が広がる中で避難所に行く際には「マスク」「消毒液」「体温計」は必携です。

15

ウイルスよりも厄介な「コロナうつ」に注意！

コロナショックによるストレスで「うつ状態」になる人が増えている今、メンタルケアの方法を探してみました。

　新型コロナの流行で、これまで普通にできていたことが突然ままならなくなり、新しい環境に慣れる必要に迫られています。しかし、先が見えない不安は募るばかり。気持ちが沈んで「コロナうつ」に陥るケースが問題になっています。

　外出自粛によってゲームや１人飲み、リモート飲みなどによる夜更かしで生活のリズムが狂ってしまうケースも多いようです。これらは心身の不調に拍車をかける大きな要因となります。すでにクセになってしまっているなら、例えば同じ夜更かしでも、朝の起床時間と夜の睡眠時間は決める、または１人飲みの時間を別の趣味の時間に変えてみるだけでも、それらのルールをクリアする充実感でかなり状態はよくなります。

　しかし、一番心に負担がかかるのは、暗いニュースや不安を煽るような情報。これを見ないように工夫することも重要です。とくにテレビで流される画像や映像は、どうしても刺激的かつ扇情的なものが増えるものです。SNSでも、大勢の不安な気持ちが匿名で流れてきます。共感力の強い人は自分のことのように反応してしまい、心配や同情で深く疲れてしまいます。逆に、自粛期間を有効に使い、充実させている人の書き込みも、読み過ぎると焦る原因となります。

そこで、１日にこれらを閲覧する時間を短めに設定しましょう。もしくは、映像が流れないメディアに切り替えること。例えば地域に密着したニュースを流すラジオは緊急事態や災害時に強く、見直されています。当然ながら映像がないので、コロナ騒動の不安や恐怖も軽減できます。

　それでも1人暮らしの人は、外出自粛によって他人とのかかわりが遮断され、孤独を招くことでうつ状態になる場合があります。リモートサービスやオンライン通話を上手に活用し、コミュニケーションを取りましょう。

　もうすでにかなり悲観的になってしまい、どうしても気力が湧かない場合は心療内科に相談するのも一案です。外出が怖い場合は、オンラインで相談窓口を開いているクリニックがあります。カウンセリングを受けるだけでも、気分が変わるきっかけを作ることができます。

コロナストレスによるＤＶ被害を防ぐために

　2020年４月、新型コロナ感染拡大による経済的不安やストレスで、全国の配偶者暴力相談支援センターに寄せられた相談件数が、前年同月比で約３割増えたといいます。そこで５月から、内閣府の相談窓口サイト「ＤＶ相談＋（プラス）」（https://soudanplus.jp）が開設されました。電話やメールで24時間対応し、チャットの利用も可能。10カ国語で相談を受け付けています。

アフターコロナ時代の お財布事情

現金主義からキャッシュレス時代へ？

　キャッシュレス決済は、クレジットカードやICカードだけでなく、スマホアプリを使った電子決済サービスも登場し、どんどん便利になっています。

　現金志向が強いといわれる日本ですが、最近は利用率が増加しています。三井住友カードは2020年2月から4月の新規申込数が各月ともに前年比3～4割ほど増えているとし、キャッシュレスが現金を上回る店舗も増加傾向だというデータもあります。

　そのきっかけは2019年10月の消費増税にともなうポイント還元事業も1つですが、新型コロナの影響も否めません。外出を控える中でネットショッピングの利用が増えたことに加え、現金に触れたくないという気持ちがキャッシュレスの利用を促

したとも考えられます。確かに、いつ・どこで・誰が触ったのかも分からない硬貨やお札に触れるのには抵抗感もあるでしょう。

　このような要因から、キャッシュレス決済は今後ますますの増加が見込まれています。

PART 3

もしものための
生活支援制度

長期にわたる傷跡となる？
新型コロナによる経済危機

新型コロナウイルスによって世界はもとより日本経済も大きな打撃を受けました。果たして景気は回復に向かうのでしょうか。現在の状況を整理しました。

　新型コロナの感染拡大による景気の悪化は、オイルショック、そしてあのリーマンショックをも超えるといわれています。内閣府によると、2020年4月～6月期の国内総生産（GDP）速報値は、年率換算で前期比率27.8％減少。オイルショック後の1974年1月～3月期の13.1％減、リーマンショック後の2009年1月～3月期の17.8％減を上回り、戦後最大の記録的落ち込みとなりました（図1）。

　また、20年4月の景気動向指数は80.1と、リーマンショックの影響で最低値85.1を記録した09年3月以降、およそ11年ぶりの最低値更新となりました。そして、5月の指数はさらに下回る73.4まで低下。前年5月が103.4、前々年5月が116.8だったことと比較すると、景気がどれほど落ち込んだかが分かります。

● 雇用や失業に大きな影響を与えた新型コロナ
　こうした景気の悪化を受け、企業の倒産件数も増加しています。東京商工リサーチの発表によると、20年6月度の全国企業倒産件数は780件で、前年同月比で6.2％増加しました。負債総額は1228億1600万円。

前年同月比で48.1％増加しています。5月こそ、感染拡大により政府が支援策を講じるなどの影響で減少しましたが、緊急事態宣言が全面解除されると企業倒産件数は再び増加に転じました。業種的に見ると、感染拡大のためにインバウンド需要が喪失した宿泊業や飲食業で倒産が目立っています。

　これに呼応するように、完全失業率もじわじわ上昇しています。2月までは2.3％〜2.5％あたりで推移していましたが、4月には2.6％、5月には2.9％と、右肩上がり。リーマンショック後の09年9月には5.5％まで上昇しており、現段階ではそれを超えるほどではありませんが、リーマン・ブラザーズ社が倒産した1年後に失業率が過去最高を記録しているところを見ると、政府の施策や内部留保などで何とか持ちこたえている企業が経済の回復しない中で近い将来倒産し、失業率を一気に押

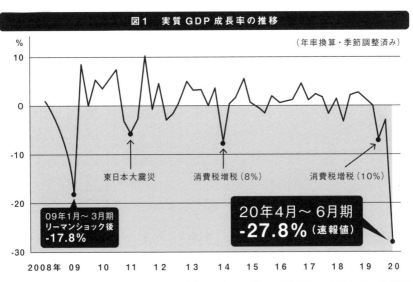

図1　実質GDP成長率の推移

（年率換算・季節調整済み）

東日本大震災

消費税増税（8％）

消費税増税（10％）

09年1月〜3月期
リーマンショック後
-17.8％

20年4月〜6月期
-27.8％（速報値）

2008年　09　10　11　12　13　14　15　16　17　18　19　20

出所：内閣府（2020年4-6月期・1次速報値　2020年8月17日公表）
※2020年9月8日、内閣府は速報値の27.8％減から28.1％減に下方修正しています。

し上げることは想像に難くありません。

　倒産という憂き目を避けるために、企業が白羽の矢を立てるのが、パートやアルバイトといった非正規労働者の解雇です。総務省の発表によると、19年6月には2148万人の非正規労働者が就労していましたが、今年度の6月には4カ月連続の減少となり、2044万人と104万人減りました。とくに宿泊業や飲食サービス業、建設業、生活関連サービス業、娯楽業などで減少の幅が大きくなっています（図2）。

図2　労働力調査（基本集計）2020年（令和2年）6月分

原数値	実数 （万人,%）	対前年同月増減（万人,ポイント）			
		6月	5月	4月	3月
労働力人口	6865	-44	-44	-67	15
就業者	6670	-77	-76	-80	13
自営業主・家族従業者	694	9	-2	-32	-40
雇用者	5929	-94	-73	-36	61
役員を除く雇用者	5605	-74	-61	-34	40
正規の職員・従業員	3561	30	-1	63	67
非正規の職員・従業員	2044	-104	-61	-97	-26
就業率	60.2	-0.6	-0.6	-0.7	0.1
完全失業者	195	33	33	13	2
求職理由別　非自発的な離職	61	24	15	8	7
うち勤め先や事業の都合	41	19	12	9	4
自発的な離職（自己都合）	72	6	5	-4	-8
新たに求職	50	7	14	13	6
非労働力人口	4210	36	37	58	-20

雇用者数は5929万人。前年同月に比べ94万人の減少となりました（3カ月連続減少）。中でも非正規の職員・従業員数は前年同月に比べ104万人減で4カ月連続減少。完全失業者数は195万人となり、前年同月に比べ33万人増加となり、新型コロナよる雇用や失業に与えた影響が如実に表れる結果となりました。

※総務省統計局「労働力調査（基本集計）2020年（令和2年）6月分結果」（2020年7月31日公表）を加工して作成しました。

● アフターコロナの経済回復の見通しは?

　帝国データバンクが8月に発表した景気動向調査によると、緊急事態宣言全面解除後、経済活動が再開したことで、低水準ながら景気は持ち直しの動きがあったとしています。ところが、感染再拡大により経済活動が再停滞することも懸念されており、依然として景気は低水準での推移が続くと考えられています。

　同社の調査に寄せられた回答を業界別に拾うと、金融、建設、製造、卸売・小売、運輸、サービス業など、ほとんどの業界で、「先行きは暗い」という悲観的な声が大多数を占めました。

　一方で、「5月をボトムとし、6月以降は上方修正も視野に入る」(第一生命経済研究所)、「景気の急落は下げ止まり」(帝国データバンク)という見方もあります。実際、6月の実質GDPは5月に比べて持ち直していますが、これはあくまで2度目の緊急事態宣言が発令されないという希望的観測にもとづいた意見となっています。

　野村総合研究所が自社のウェブサイトで7月に掲載したコラムによると、個人消費の抑制効果は4月が10.7兆円程度、5月が11.7兆円と推定されます。仮に緊急事態宣言が再発令された場合、個人消費は追加で1カ月あたり13.9兆円程度抑制されると考えています。だからこそ政府も、再発令には慎重にならざるを得ないというわけです。また、ニッセイ基礎研究所総合政策研究部は、ワクチンが早期に開発されて世界に広く供給されるという「V字回復」のシナリオは考えにくく、海外との経済再開も相当先になる中では、実質GDPがコロナショック以前の水準に戻るのは22年以降になると見込んでいます。

国の支援制度を利用して、暮らしと仕事を立て直す

休業や失業、子育てに病気……新型コロナで家計が打撃を受けても、「もらえるお金」を活用して克服しましょう！

　新型コロナの感染拡大の影響で会社が休業になったり、仕事を失ったりした人も少なくありません。また、パートや学生アルバイトでも、シフトを減らされたり、勤め先が閉店したりして収入が著しく減った人がいます。そのような生活に困窮した人には、どのような支援制度があるのでしょうか。

　生活費に困っている人は、社会福祉協議会の「緊急小口資金」や「総合支援資金」を利用しましょう。「総合支援資金」では、単身では最大15万円、2人以上世帯では最大20万円まで原則3カ月間、所得に関係なく無利子で借りられます。

　会社やアルバイト先の都合で休業やシフトの調整を命じられた人は、勤務先に「休業手当」の支払いを要求しましょう。これは労働基準法で定められているもので、雇用主は平均賃金の6割以上を支払う義務があります。勤務先が休業手当の支払いに応じてくれない場合は、平均賃金の80％を給付してくれる「新型コロナウイルス感染症対応休業支援金・給付金」の制度を活用しましょう。

　大学生の場合、「学生支援緊急給付金」を受け取ることができます。住民税が非課税世帯の学生に20万円、それ以外の学生は10万円が支給

され、自分の通う大学などに申請することになっています。

　全国民に一律10万円が支給される「特別定額給付金」は、すでに多くの自治体で申請が締め切られました。しかし、再び緊急事態宣言が出されるようなことがあれば、再度、給付される可能性があります。住民登録している市町村に申請することになっているため、1人暮らしの若者など、現住所に住民登録をしていない人は、申請用紙が別の場所に郵送されている可能性があります。「絶対もらえる」給付金なので、申請漏れのないよう注意しましょう。

　こうしたさまざまな制度を知らずに、あるいは知っていても手続きが億劫（おっくう）で、給付を受けていない人は少なくありません。62ページから生活支援制度のリストを掲載しています。明日からの生活に困っている、あるいはこの先、確実に生活が苦しくなることが分かっている人は、躊躇（ちゅうちょ）することなく支援制度を活用しましょう。

求職者の人でも活用できる支援策があります

　雇用保険に未加入だったり、加入期間が短いため、失職しても失業手当が受給できない人がいます。そうした人は「職業訓練受講給付金」を利用しましょう。求職中、無料で職業訓練が受講でき、受講中は月額10万円と受講に必要な交通費や宿泊費が支給されます。また、家賃を原則3カ月（最大9カ月）、国や自治体が肩代わりしてくれる「住宅確保給付金」という制度もあります。

お金を（もらう）（かりる）支払いを（のばす）

コロナに負けない！各種支援制度案内 | 個人編

生活費

①会社の都合で仕事を休むことになった
②休業手当
③休業日数×平均賃金日額の60％
※パートやアルバイトも対象
④労働基準監督署、
各都道府県の特別労働相談窓口など

①中小企業の従業員で、勤務先から休業期間中の賃金が支払われなかった
②新型コロナウイルス感染症対応休業支援金・給付金
③休業前の平均賃金80％（月額最大33万円）
④休業支援金・給付金コールセンター
0120-221-276

①新型コロナの影響で収入が減少し、当座の生活費が必要となった
②緊急小口資金
③最大20万円の貸付
④お住まいの市区町村社会福祉協議会
相談コールセンター　0120-46-1999

①新型コロナの影響による収入の減少や失業で生活を立て直す間の資金が必要となった
②総合支援資金（個人向け緊急小口資金等の特例）
③2人以上の世帯：月20万円以内の貸付

単身：月15万円以内の貸付
④お住まいの市区町村社会福祉協議会
相談コールセンター　0120-46-1999

①小学校等の臨時休業によって契約した仕事ができなくなった（委託を受けて個人で仕事をする保護者）
②小学校休業等対応助成金・支援金
③2020年2月27日〜3月31日：
1日当たり4100円（定額）
2020年4月1日〜9月30日：
1日当たり7500円（定額）
※対象者となるには一定の要件がある
④学校等休業助成金・支援金、雇用調整助成金コールセンター　0120-60-3999

①生活に困窮していて、生活するために最低限必要な費用（最低生活費）がない
②生活保護制度
③最低生活費から世帯収入を引いた額
④お住まいの市区町村の福祉事務所

①新型コロナの医療に携わった病院関係者への慰労金
②新型コロナウイルス感染症対応従事者慰労金
③都道府県の求めに応じて新型コロナに対応した病院の医師や職員に最大20万円、その他の病院などの医師や職員にも5万円を給付
④厚生労働省医政局　新型コロナ緊急包括支援交付金コールセンター
0120-786-577

①お金、仕事、住宅など生活全般にわたる悩みを相談したい
②生活困窮者自立支援制度
③2015年4月から始まった制度。就労準備や生活支援、住居確保など、専門の支援員が支援プランを作成してくれる
④お住まいの市区町村の自立相談支援機関・相談窓口

子 育 て 世 帯 支 援

①新型コロナの影響を受けた子育て世帯の生活を支援
②子育て世帯への臨時特別給付金
③児童手当を受給する世帯に対して児童1人当たり1万円
※改めての申請は不要
④お住まいの市区町村窓口
内閣府子育て世帯への臨時特別給付金コールセンター　0120-271-381

①ひとり親世帯で、新型コロナが家計を直撃して生活がさらに苦しくなった
②低所得のひとり親世帯への臨時特別給付金
③児童扶養手当を受給している世帯は1世帯5万円（第2子以降1人3万円）。さらに収入減の世帯には＋5万円
④お住まいの市区町村窓口
ひとり親世帯臨時特別給付金コールセンター　0120-400-903

①育児休業に入るため給付金を受給したい
②育児休業給付金
③1カ月の支給額は休業開始時の月額賃金の67％（6カ月経過後は50％）。支給条件は雇用保険に加入していること、育児休業開始前の2年間に11日以上就業している月が12カ月等がある
④勤務先ないしハローワーク

①臨時休校でも仕事が休めずベビーシッターを利用したい
②企業主導型ベビーシッター利用者支援事業（会社員・個人事業主向け）
③幼児または小学校3年生までの児童がいる家庭が対象。ベビーシッター利用に際して、1家庭当たり月26万4000円を補助
④全国保育サービス協会
03-5363-7455

住 ま い

①休業などで収入が減り住居を失うおそれがある
②住居確保給付金
③市区町村ごとの一定額を上限に原則3カ月分の家賃相当額（最長9カ月分）を支援
④お住まいの市区町村自立相談支援機関
住居確保給付金相談コールセンター
0120-23-5572

①新型コロナによる収入減で公営住宅の家賃減免を申請したい
②住宅使用料の減免・徴収猶予
③公営住宅等の居住者を対象に、家賃の減免や支払期限延長の申請ができる
④お住まいの市区町村の住宅課、住宅管理担当等まで

①家を買ったが住宅ローン減税の入居期限要件が満たせなくなった

②新型コロナウイルス感染症の影響を踏まえた住宅取得支援策
③新型コロナの影響を受けた人を対象に、住宅ローン減税の適用要件と次世代住宅ポイント制度に関して特例措置がとられている
④詳細は国土交通省ＨＰまで
https://www.mlit.go.jp/jutakukentiku/house/jutakukentiku_house_fr2_000044.html

----

①住居を失いネットカフェで寝泊まりしている（東京都）
②TOKYOチャレンジネット
③インターネットカフェや漫画喫茶などで寝泊まりしている人に生活支援、居住支援、資金貸付、就労支援の相談を行っている
④TOKYOチャレンジネット　0120-874-225／0120-874-505（女性専用ダイヤル）

失 業 し て し ま っ た ら

----

①新型コロナの影響で失業した。あるいは離職することになった
②失業給付金
③雇用保険の加入期間が退職前の2年間で12カ月以上ある人が対象で、金額は賃金日額の50％〜80％×所定給付日数
※新型コロナの感染拡大にともなって給付日数が60日分延長された
④お住いの地域のハローワーク

----

①勤務先が倒産して賃金が支払われないまま退職した
②未払賃金立替払制度
③未払賃金総額×80％（退職日の年齢によって上限88万円〜296万円）

④最寄りの労働基準監督署
労働者健康安全機構 未払賃金立替払相談コーナー　044-431-8663

----

①65歳を過ぎても受け取れる失業保険を知りたい
②高年齢求職者給付金
③65歳以上の雇用保険被保険者が対象。被保険者期間が1年未満だった場合は基本手当日額×30日分（1年以上の場合は50日分）
※年金を受け取りながら受給することができる
④お住いの地域のハローワーク

----

①雇用保険に未加入だった場合には
②職業訓練受講給付金
③雇用保険を受給できない求職者の人（受給を終了した人を含む）に、職業訓練期間中の生活支援として給付金（月額10万円）が受けられる
④お住いの地域のハローワーク

----

①職業訓練受講給付金だけでは生活が苦しい
②求職者支援資金融資
③職業訓練受講給付金だけでは生活費が不足する場合、月額5万円（上限）または10万円（上限）× 受講予定訓練月数分の融資を利用することが可能
④お住いの地域のハローワークが指定する金融機関（労働金庫）で貸付の手続き

----

①職業訓練を受けながら手当が受け取れる
②技能習得手当
③失業中に公共職業訓練を受講すると、失業給付金に上乗せして手当を受け取ることができる。受講手当として受講日数分

①対象②制度名③内容④申請先・問い合わせ先

×日額500円（上限2万円）。通所手当（交通費）として月額最大4万2500円を支給
④お住いの地域のハローワーク

....

①資格取得等を目指しながらお金がもらえる
②一般教育訓練給付金
③離職してから受講開始までが1年以内の人（在職中の人も可能）を対象に、教育訓練受講に支払った費用の一部（最大10万円）を支給
④お住いの地域のハローワーク

病気や介護

....

①**新型コロナに感染してしまった（その1）**
②新型コロナ検査費・治療費
③PCRの検査費用、入院した場合の医療費は原則公費で負担される。なお、初診料等の自己負担分は患者の負担
④お住まいの全国健康保険協会・各都道府県支部

....

①**新型コロナに感染してしまった（その2）**
②傷病手当金（健康保険）
③業務災害以外の病気やケガ、新型コロナに感染して4日以上仕事を休んだ場合、最長1年6カ月間、1日当たりの給料の3分の2×休職日数分が支給される
④お住まいの全国健康保険協会・各都道府県支部

....

①**新型コロナに感染してしまった（その3）**
②休業補償給付（労災保険）
③労災保険加入者で、業務や通勤によって新型コロナに感染したと認められた場合、労災保険給付の対象に。支給額は平均賃金日額の80％×休業日数
④所轄の労働局または労働基準監督署
労災保険相談ダイヤル　0570-006031

....

①**勤務中または通勤による病気・事故で療養が必要となった**
②療養補償給付（労災保険）
③労災病院や労災指定病院等にかかれば、無料で治療や薬の支給等を受けられる（療養の給付）。指定病院以外でも療養にかかった費用が支給される（療養の費用の支給）
④所轄の労働局または労働基準監督署
労災保険相談ダイヤル　0570-006031

....

①**病気やケガで求職活動ができない**
②傷病手当（雇用保険）
③失業給付金の受給資格者が病気やケガで15日以上続いて求職活動ができない場合、傷病手当が受け取れる。金額は基本手当の日額と同じ
④お住いの地域のハローワーク

....

①**医療費がかさんでしまい生活が苦しい**
②高額療養費制度
③医療にかかった1カ月分の金額が所得や年齢で設定された「自己負担限度額」を超えた場合、超過分が払い戻される
④全国健康保険協会／国民健康保険組合など

....

①**労災保険でも介護で給付が受けられる**
②介護補償給付（労災保険）
③傷病年金や障害年金を受給している人を対象に、障害の状態に応じて給付を受けることができる
※支給金額は介護する側の状況によっても変わるため確認が必要
④所轄の労働局または労働基準監督署
労災保険相談ダイヤル　0570-006031

①**家族の介護のために仕事を休まなければならない**
②介護休業給付金
③雇用保険の被保険者で、家族の常時介護のため2週間以上の休業が必要な人に対して、給与の67％が支給される。最長93日を限度として3回まで受給可能
④お住いの地域のハローワーク

学 生 支 援

①**アルバイト収入の大幅な減少で修学の継続が困難（その1）**
②「学びの継続」のための「学生支援緊急給付金」
③主に家庭から自立してアルバイト収入により学費等を賄っている学生を支援するもの。住民税非課税世帯の学生等に20万円、それ以外の学生等に10万円を給付
※大学（大学院含む）・短大・高専・専門学校・日本語教育機関の学生（留学生を含む）が対象
④各学校の窓口
日本学生支援機構奨学金相談センター
0570-666-301

①**アルバイト収入の大幅な減少で修学の継続が困難（その2）**
②緊急特別無利子貸与型奨学金
③2020年4～9月の選択する月から2021年3月まで、新型コロナの影響で世帯収入やアルバイト収入が減った学生に奨学金の貸与を行う制度（月額2万～12万円）。「第二種奨学金（有利子）」制度を活用して利子分を国が補填、実質無利子で貸与される

④各学校の窓口
日本学生支援機構奨学金相談センター
0570-666-301

①**新型コロナの影響で世帯収入が減少して家計が急変（その1）**
②高等教育の修学支援新制度
（授業料等減免と給付型奨学金）
③非課税世帯及びそれに準ずる世帯の学生（大学・短大・高等専門学校、専門学校等）を対象に、給付型奨学金（返済不要）と授業料減免による支援を行う。支援の対象者と金額は日本学生支援機構のホームページでシミュレーションすることができる
④各学校の窓口
日本学生支援機構奨学金相談センター
0570-666-301

①**新型コロナの影響で世帯収入が減少して家計が急変（その2）**
②日本学生支援機構の貸与型奨学金
③緊急に奨学金の必要が生じた場合、奨学生として採用される。対象者の状況によって、緊急採用「第一種奨学金（無利子・月額2～6万4000円）」と応急採用「第二種奨学金（有利子・月額2～12万円）」がある
④各学校の窓口
日本学生支援機構奨学金相談センター
0570-666-301

①**新型コロナの影響で世帯収入が減少して家計が急変（その3）**
②高等学校等就学支援金
③教育に係る経済的負担の軽減を目的に、国公私立問わず高等学校等に通う所得等の要件を満たす世帯の生徒に対して、授業料にあてるための就学支援金を給付
④お住まいの各都道府県の担当部局

①対象②制度名③内容④申請先・問い合わせ先

①新型コロナの影響で世帯収入が減少して家計が急変（その4）
②高校生等奨学給付金
③教科書費、教材費、学用品費、通学用品費等、授業料以外の教育費負担を軽減するため、高校生等がいる低所得世帯を対象に支援を行う。また、新型コロナの影響を踏まえ、家計急変世帯への支援やオンライン学習に係る通信費の加算支給も用意
④お住まいの各都道府県の担当部局

保 険 料

①収入減となり保険料の負担を軽減したい
②国民健康保険料等の減免
③新型コロナの影響で一定程度収入が減少した人に対して、国民健康保険、国民年金、後期高齢者医療制度及び介護保険の保険料（税）の減免や徴収猶予等の措置がとられている
④国民健康保険料：お住まいの市区町村の国民健康保険担当課
後期高齢者医療制度の保険料：お住まいの市区町村の後期高齢者医療担当課
介護保険料：お住まいの市区町村の介護保険担当課
国民年金：お住まいの市区町村の国民年金担当課又は年金事務所

税 金 ・ 公 共 料 金

①税金や公共料金の支払いを延ばしたい
②納税猶予、公共料金の支払猶予
③新型コロナ感染症の影響を受けた人に対して、国税・地方税、電気・ガス・水道料金及びNHK受信料の支払い猶予を受けることができる
④国税：国税局猶予相談センター
地方税：各地方公共団体の窓口
公共料金：契約している電気・ガス事業者、お住まいの地域の水道局
NHK受信料：お住まいの地域の相談窓口

※内閣官房「新型コロナウイルス感染症に伴う各種支援のご案内」（2020年8月25日時点）をもとに、従来からある各種支援制度を加えて作成しました。
※今後、感染状況にともなって支援対象の拡大拡充や新たな支援策が整備される場合がありますので、最新情報を注視してください。

事業者向けの支援内容が充実 収益の安定と持続を図ろう！

コロナショックに負けず事業の継続のためにも、国が用意した支援制度を駆使して、反転攻勢に備えましょう！

　戦後最悪ともいわれている経済不況に対応するため、各事業者は国などが行う緊急支援策を余すことなく利用する必要があります。

　「持続化給付金」はその中でも最たるものでしょう。これは、月間事業収入が前年同月比で50％以下になった場合、法人で最大200万円、個人事業者で最大100万円の給付金がもらえる制度です。比較対象月は緊急事態宣言期間にかかわらず、2020年1月〜12月までの任意の月を選択することができます。

　続いて「家賃支援給付金」。こちらは同年5月〜12月までの間で、売上の前年同月比が50％以下、もしくは連続する3カ月の売上の合計が前年の同期間と比較して30％以上減っていることが給付の条件で、法人は600万円、個人事業者は300万円を上限に、支払った賃料などから計算された月額給付額の半年分が一括給付されます。

　企業融資についても支援策が講じられ、中小企業の場合、日本政策金融公庫から「コロナ特別貸付」として最大6億円、当初3年間については実質無利子で借りられます。従来からあるセーフティネット制度も、保証4号・5号に融資枠が追加指定されており、3年間実質無利子で最大4000万円（3000万円から増額）借りることが可能です。

さらに、中小企業が新たな
サービスや試作品を開発する
際に利用する「ものづくり補
助金」についても、通常枠と
は別に「特別枠」「事業再開
枠」が新たに設けられました。
通常枠の補助率は中小企業が
２分の１、小規模事業者が３
分の２ですが、特別枠ではサ
プライチェーンの毀損への対
応については３分の２、非対

面型ビジネスモデルへの転換やテレワーク環境の整備については４分の
３が補助。「事業再開枠」では50万円を上限に、感染防止対策費の全額
が対象経費となります。

　70ページから各種の支援制度を掲載していますが、コロナ禍が収束
しても、経済はすぐに元通りにはなりません。そのため支援策は今後も
増えていくことが考えられます。情報を素早く入手し、速やかに申請を
行うことが事業者にとって必要な手段といえるでしょう。

確定申告の申請期限が延長。所得税の還付を受けよう！

　令和元年分の確定申告は特例により４月16日でしたが、それ以降でも申告は受け
付けています。また、国税の時効は５年となっており、時効前であれば平成30年以
前の申告も可能です。ふるさと納税や医療費控除などで、申告により所得税の還付
があるにもかかわらず申告できていない人は、あきらめずに申告しましょう。たと
え還付がない人でも、申告によって住民税額が低くなることがあります。

お金を（もらう）（かりる）支払いを（のばす）

コロナを乗り越える! 各種支援制度案内 │ 事業者編

持 続 化 給 付 金

営業自粛等によって売上に影響を受けた中小・個人事業者に対して事業の継続のために事業全般に広く使える給付金。月間事業収入が前年同月比50%以下に減少した事業者が対象（売上の対象月は2020年1月から12月までの間で、事業者が任意で選択できる）

[給付額]
中小・小規模事業者（医療法人、農業法人、NPO法人等含む）：上限200万円
個人事業主（フリーランス含む）：上限100万円
※主たる収入を雑所得・給与所得で確定申告した個人事業者、2020年新規創業者も追加で対象となった

[申請・問い合わせ]
持続化給付金事務局ホームページ
https://www.jizokuka-kyufu.jp/
持続化給付金事業コールセンター
0120-115-570／0120-279-292

家 賃 支 援 給 付 金

2020年5月以降の売上の減少によって、地代・家賃（賃料）の支払いが困難となった事業者を下支えするため、固定費の負担を軽減する給付金を支給。支給対象となるのは、2020年5月〜12月の売上高が、1カ月で前年同月比50%以上減少、または連続する3カ月の合計で前年同月比30%以上減少した事業者

[給付額]
法人：最大600万円
※上限100万円／月（給付率2/3・1/3）×6カ月分
※医療法人、農業法人、NPO法人、社会福祉法人など会社以外の法人も対象
個人事業主（フリーランス含む）：最大300万円
※上限50万円／月（給付率2/3・1/3）×6カ月分

[申請・問い合わせ]
家賃支援給付金コールセンター
0120-653-930

雇 用 調 整 助 成 金
新型コロナウイルス感染症の影響に伴う特例措置

新型コロナの影響で従業員を休業（雇用調整）させた事業者に対して、雇用を維持するために休業手当などの一部を助成する。パート、アルバイト等、雇用保険被保険者以外も助成の対象となる。2020年6月12日付の特例措置による助成金の「上限額の引き上げ」と「助成率の拡充」が4月1日までさかのぼって適用される。すでに支給が決定している事業主などに対しては追加の助成額が支払われる（追加支給の手続きは不要）

[助成額]　1人1日当たり上限1万5000円
[助成率]
新型コロナの影響を受けた事業主：中小企業4/5・大企業2/3
解雇等を行わず雇用を維持した事業主：中小企業10/10・大企業3/4

[申請・問い合わせ]
お近くのハローワークや各都道府県労働局

小学校休業等対応助成金・支援金
事業主向け

2020年2月27日から9月30日までの間に、新型コロナの影響で小学校等が臨時休業した場合、その小学校に通う子ども、あるいは感染した子どもの世話で休まざるを得なかった従業員に対して、有給休暇を取得させた事業者に賃金相当額を支給

[助成額]
休暇中に支払った賃金相当額×10/10
※対象労働者1人につき日額換算賃金額×有給休暇の日数で算出

※雇用調整助成金の特例措置ですが、2020年8月25日に政府は、9月末までとした期限を12月末まで延長すると発表しています。

※1日あたり上限8330円（2020年4月1日以降に取得した休暇については1万5000円）
※既に申請や支給済の場合、追加給付を順次行う（再申請は必要なし）
[申請・問い合わせ]
学校等休業助成金・支援金受付センター
0120-60-3999
※申請期間は2020年2月12月28日まで

働き方改革推進支援助成金
テレワークコース

テレワークに取り組む中小企業事業主に対し、その実施に要した費用の一部が助成される。テレワーク用通信機器の導入・運用、就業規則・労使協定等の作成・変更、労働者に対する研修、周知・啓発等が支給対象となる。なお新規に「新型コロナウイルス感染症対策のためのテレワークコース」が導入されたが、支給申請の期限が2020年9月30日までのため、これからテレワーク導入を考える事業者はこちらの制度を活用できる
[成果目標達成]
補助率3/4・1人当たりの上限額40万円・1企業当たりの上限額300万円
[成果目標未達成]
補助率1/2・1人当たりの上限額20万円・1企業当たりの上限額200万円
[申請・問い合わせ]
テレワーク相談センター　0570-550348
※交付申請受付は2020年12月1日

新型コロナウイルス感染症に関する母性健康管理措置による休暇取得支援助成金

休業が必要とされる妊娠中の女性労働者が取得できる有給の休暇制度を整備した上で、2020年5月7日から2021年1月31日までの間に、合計して5日以上取得させた事業主に対して助成金を支給
[助成額]
対象となる労働者1人当たりの上限額100万円
※有給休暇計5日以上20日未満は25万円。以降20日ごとに15万円加算

※1事業所当たり20人まで
[申請・問い合わせ]
各都道府県労働局の雇用環境・均等部（室）
※申請期限は2021年2月28日

両立支援等助成金
介護離職防止支援コース
新型コロナウイルス感染症対応特例

新型コロナへの対応として、介護のための有給の休暇制度を設け、介護を行う従業員が休みやすい環境を整備した中小企業の事業主を支援するもの。なお20日以上休暇を取得できる制度を設け、従業員が実際に合計5日以上取得していることが要件となる
[助成額　労働者1人当たりが取得した休暇日数で換算]
合計5日以上10日未満の場合：20万円
合計10日以上の場合：35万円
※1中小事業主当たり5人まで申請可能
[申請・問い合わせ]
各都道府県労働局の雇用環境・均等部（室）
※申請期限は支給要件を満たした翌日から起算して2カ月以内（2020年6月15日より前に支給要件を満たしていた場合は申請期限が過ぎているので注意）

日本政策金融公庫及び沖縄公庫による新型コロナウイルス感染症特別貸付

新型コロナの影響を受けて、最近1カ月の売上高が前年又は前々年の同期と比較して5％以上減少した事業主に対して、実質無利子・無担保で運転資金、設備資金を融資（据置期間は最長5年）。なお、「商工中金による危機対応融資」からも中小企業事業に対して同様の融資が受けられる
[融資限度額]
中小企業事業（資本金1000万円以上の中小企業）：6億円
国民生活事業（小規模事業者や個人事業主）：8000万円
[申請・問い合わせ]
日本政策金融公庫 事業資金相談ダイヤル

0120-154-505
沖縄公庫 事業資金相談ダイヤル
0120-981-827
商工中金 特別相談窓口
0120-542-711

特 別 利 子 補 給 制 度
実質無利子

「日本政策金融公庫及び沖縄公庫による新型コロナウイルス感染症特別貸付」や「商工中金による危機対応融資」から貸入を行った中小企業者等のうち、売上高が急減した事業者等に対して、最長3年間分の利子相当額の助成を受けることができ、実質的な無利子となる。売上高の要件は以下の通り
・小規模企業者（個人事業主）：売上高要件なし
・小規模企業者（法人事業者）：貸付の申込を行った際の最近1カ月、その翌月又はその翌々月の売上高が、前年又は前々年の同月と比較して15%以上減少
・中小企業者（上記を除く事業者）：貸付の申込を行った際の最近1カ月、その翌月又はその翌々月の売上高が、前年又は前々年の同月と比較して20%以上減少
[補給対象貸付上限額]
中小事業・商工中金等：2億円
国民事業：4000万円
※貸付上限額は新規融資と既往債務借換との合計金額
[申請・問い合わせ]
中小企業基盤整備機構
新型コロナウイルス感染症特別利子補給制度事務局　0570-060515

セーフティネット保証4号・5号
危機関連保証

セーフティネット保証は、経営に支障が生じている中小企業者を、一般保証（最大2.8億円）とは別枠（最大2.8億円）で借入債務を保証する支援制度。危機関連保証は、売上高が前年同月比15%以上減少する中小企業・小規模事業者に対して、更に別枠（2.8億円）に措置した制度

[補助額]
一般保証枠・セーフティネット保証枠・危機関連保証枠と合せて、最大5.6億円の信用保証別枠の確保が可能
[申請・問い合わせ]
セーフティネット保証
取引のある金融機関又は最寄りの信用保証協会
危機関連保証
中小企業金融相談窓口　0570-783183

民間金融機関における
実質無利子・無担保融資

セーフティネット保証4号・5号、危機関連保証のいずれかを利用した個人事業主や小・中規模事業者が、都道府県等による制度融資で実質無利子・無担保で融資が受けられる。対象要件は、個人事業の場合、売上高5%以上減少（保証料ゼロ）、小・中規模事業者は売上高5%以上減少（保証料1/2）あるいは売上高15%減少（保証料ゼロ）となっている
[融資上限額]　4000万円
[申請・問い合わせ]
中小企業金融相談窓口　0570-783183

も の づ く り 補 助 金
特別枠

新製品開発や新たな生産方式の導入を行う等、中小企業が経営革新のための設備投資等に使える補助金。新型コロナ禍の中、前向きな投資を行う事業者を対象に「特別枠」が設けられた。なお特別枠の申請要件は、補助対象経費の1/6以上が、以下のいずれかの要件に合致する投資であること
●類型A：サプライチェーンの毀損への対応（顧客への製品供給を継続するために必要な設備投資や製品開発）
●類型B：非対面型ビジネスモデルへの転換（非対面・遠隔でサービス提供するためのビジネスモデルへ転換するための設備・システム投資）
●類型C：テレワーク環境の整備（従業員がテレワークを実践できるような環境整備）
[補助金上限額]　原則1000万円
[補助率]　類型A＝2/3、類型B又はC＝3/4

※感染防止対策への投資には「事業再開枠」として上限50万円を上乗せ

[申請・問い合わせ]

ものづくり補助金事務局　050-8880-4053

※3次の応募は締め切られているが、4次締切(2020年11月)、5次締切(2021年2月)が設けられている

持 続 化 補 助 金
コロナ特別対応型

小規模事業者を対象に、新型コロナの影響を乗り越えるための販路開拓等の取り組みを支援する制度。申請要件は「ものづくり補助金(特別枠)」同様、補助対象経費の1/6以上が、類型A・B・Cのいずれかに合致するものであることが条件

[補助金上限額]　100万円

事業再開枠：上限50万円

[補助率]　類型A＝2/3、類型B又はC＝3/4

※クラスター対策が特に必要と考えられる特例事業者(ナイトクラブ、ライブハウス等の業種)には「追加対策枠」として上限50万円を補助。補助率は2/3、3/4又は定額

[申請・問い合わせ]

全国商工会連合会　03-6670-3960

日本商工会議所 03-6447-5485／0570-077025

※4次締切：2020年10月2日

Ｉ Ｔ 導 入 補 助 金
特別枠

ITツール導入による業務効率化等を目指す中小企業・小規模事業者を支援するもので、「ものづくり補助金」「持続化補助金」と同じく新型コロナ対応の「特別枠」が設けられている。申請要件も先の2件と同じ

[補助額]　30万円〜450万円

[補助率]　類型A＝2/3、類型B又はC＝3/4

[申請・問い合わせ]

サービス等生産性向上 IT 導入支援事業事務局

コールセンター　0570-666-424

ポータルサイト　https://www.it-hojo.jp/

国税・地方税・社会保険料の納付猶予

新型コロナの影響で2020年2月以降の事業収入が前年同月比で20パーセント以上減少した事業者に対して、税負担を軽減するために納税が猶予される

1年間納税猶予(無担保)

※猶予期間中の延滞税は免除

[申請・問い合わせ]

国税：お住まいの地区を管轄する国税局猶予相談センター

地方税：各地方団体の窓口

社会保険料：管轄の年金事務所・各都道府県労働局

固定資産税・都市計画税の減免

新型コロナの影響で事業収入が減少している中小企業者・小規模事業者に対して、2021年度の固定資産税および都市計画税を、売上の減少幅に応じ減免される

[減免対象]

事業用家屋及び設備等の償却資産に対する固定資産税(通常、取得額または評価額の1.4%)

事業用家屋に対する都市計画税(通常、評価額の0.3%)

[減免率　2020年2月〜10月のうち連続する3カ月間の事業収入の対前年同期比]

50%以上減少：全額／30%〜50%未満減少：1/2

[申請・問い合わせ]

中小企業 固定資産税等の軽減相談窓口

0570-077322

※厚生労働省の「生活を支えるための支援のご案内」(2020年7月16日時点)、経済産業省の「新型コロナウイルス感染症で影響を受ける事業者の皆様へ」(2020年9月3日時点)をもとに作成しました。この他にも農林水産省による「農林漁業者・食品関連事業者への支援策」や文化庁による「文化芸術活動の継続支援事業」も用意されていますので、該当する事業者の方は各省庁のホームページをチェックしてください。

※今後、感染状況にともなって支援対象の拡大拡充や新たな支援策の整備、応募の追加がされる場合がありますので、最新情報を注視してください。

国の支援策を補完する
自治体の独自支援もチェック

生活支援に関しては、各市区町村でも独自の施策を練っています。自分が住む地域の取り組みも探してみましょう。

　コロナ禍による事業者の倒産や、失業者の増大、生活困窮を防ぐため、政府はさまざまな支援策を講じていますが、各地方自治体でも、限られた財源の中から独自の支援に取り組んでいます（76ページも参照）。

● 町内で利用できる商品券を配布

　北海道ニセコ町は中小企業特別融資枠を従来の1500万円から3000万円に増額し、金利と保証料を実質無料化しました。また町民に対して、町内で利用できる商品券を1人当たり3000円配布し、妊婦については さらに3000円の増額を行っています。また観光地らしく、打撃を受けた中小観光事業者に対して15万円の「未来給付金」を支給。ゴルフ場や温泉施設などには、納付済みのゴルフ利用税や入湯税の20％を持続化支援給付金として交付するなど、手厚い支援を行っています。

　東京都内でも市区単位で支援が行われ、武蔵野市では中小零細事業者に対し、個人事業主に15万円〜30万円、法人に30万円〜60万円の緊急支援金を支給。また、新たにテイクアウトや宅配を始めた事業者には最大10万円を支給しています。新宿区では区内のライブハウスやミニシアター、劇場などの文化芸術施設に対し、PR動画の撮影などにかかっ

た経費を上限50万円まで助成することにしています。

　神奈川県では修学旅行を中止もしくは延期した学校に対し、保護者負担のキャンセル料の補助を行うと発表しました。国内の修学旅行の場合、1人当たり上限4000円、海外への語学研修の場合は6000円（私立学校は1万1000円）まで補助されます。厚木市では市内の1人暮らしの学生に対して一律5万円のほか、国の特別定額給付金の支給対象外となる新生児に対しても10万円を支給しました。

● 感染者への経済支援や水道料金の免除も

　大阪府と大阪市が協力して50万〜100万の「休業要請支援金」を支給したことはよく知られていますが、その隣の奈良県では、施設の休止や営業時間の短縮に協力した県内事業者に対し、個人事業者には10万円、中小企業は20万円の「感染症拡大防止協力金」を給付。さらに奈良市や大和郡山市では、県の協力金に10万円を上乗せしました。また同県の三宅町では、自宅待機を余儀なくされた感染者や濃厚接触者に対する支援策として、賃金や事業所得が得られなくなった場合に1日当たり5000円を支給しています。

　岡山県鏡野町では、国の持続化給付金に法人で最大100万円、個人事業主に50万円を上乗せ。同町出身または町内在住の学生に対して生活支援金を一律3万円支給しました。同県の浅口市では、水道を利用している市内全ての世帯と事業者を対象に水道料金を最大4カ月全額免除。さらに18歳未満の市民に1人当たり1万円分の商品券と5000円の食事券を配布しています。

　自分が住む自治体でも独自の取り組みを行っていないか確認し、期限切れでもらい損ねることのないようにしましょう。

国の支援策にプラスしたい！
各自治体独自の生活支援案内

岩手県盛岡市
地域企業家賃補助事業補助金

市内で事業用の建物などを賃借している中小・個人事業者に30万円を上限として、対象経費の2分の1を支給

福島県福島市
赤ちゃん応援特別定額給付金

2020年4月28日から21年3月31日までに生まれた子どもの保護者を対象に、1人につき10万円を給付

栃木県宇都宮市
企業等応援助成金

国の持続化給付金の対象とならない事業者に法人は最大で50万円、個人事業主には最大25万円を支給

茨城県水戸市
事業継続緊急支援金

国などの持続化給付金等の対象とならない事業者に法人なら20万円、個人事業主には10万円を一律に支給

千葉県千葉市
クラスター防止協力金制度

クラスターが発生した施設のうち、施設名の公表等、感染拡大防止に協力した事業者に対し100万円を支給

埼玉県
テレワーク導入支援補助金

テレワーク環境を整備する中小企業等にシステム導入や運用などの経費を3分の2以内、上限20万円まで補助

東京都
飲食事業者向けテラス営業支援

都内の飲食店等を対象に臨時的なテラス営業に使う備品を調達する経費の3分の2以内、10万円を限度に助成

東京都新宿区
店舗等家賃減額助成

区内の事業者の家賃を減額した賃貸人に対し、減額した金額の2分1を上限月額5万円で助成

神奈川県横浜市

新型コロナウイルス感染症対応
小規模事業者等支援事業

新型コロナウイルス感染症対応資金で50万円以上、500万円以下の融資を受けた小規模事業者等に10万円を交付

山梨県甲府市

子ども応援給付金

0歳から18歳までの子どもと同一世帯に対象者1人につき1万円を支給。原則として申請不要

三重県津市

事業継続支援金

国の持続化給付金の対象にならなかった事業者に対して、1事業者当たり10万円までを支給

大阪府大阪市

芸術活動振興事業助成金

市内で芸術活動を行う団体・個人に2021年3月31日までに実施する事業の一部経費を40万円ないし全額を助成

和歌山県

事業継続支援金

県内に主たる事業所を有し持続化給付金の給付を受けている事業者に20万円から100万円を支給

岡山県岡山市

事業継続支援金

主たる事業所が市内にある小規模事業者(個人事業主を含む)に10万円、中小企業者には20万円を給付

鳥取県

緊急応援補助金〈経営危機克服型〉

新商品の開発などに取り組む事業者に開発費や人材育成費等の経費を1社につき50万円補助

島根県

商業・サービス業感染症対応支援事業

新型コロナウイルス感染防止対策や新事業展開に取り組む事業者を対象に経費の8万円から80万円まで補助

熊本県

事業継続支援金

国の持続化給付金の対象とならない中小・個人事業者を対象に、法人は最大20万円、個人事業者は最大10万円を支援

沖縄県那覇市

休業協力給付金追加分

沖縄県の休業協力金の給付を受けた事業者を対象に5万円ないし10万円を上乗せして給付

※各自治体が独自で進めている支援策の一部を紹介しています。なお、申請期間が過ぎている場合がありますので、お住まいの地域の窓口でご確認ください。

大切な給付金をだまし取る コロナ詐欺にご注意！

社会の不安に乗じる手口に乗らない

　新型コロナの混乱に乗じた詐欺や悪質商法が急増し、警察は注意を呼びかけています。その1つは、「給付金の受け取りには新しいキャッシュカードが必要」「手続きを代行する」などと偽ってキャッシュカードをだまし取る手口です。

　また、感染予防に効果があるとされる商品を格安で提供することをSNSやメールで呼びかけ、偽の販売サイトに誘導してクレジットカードの情報を盗み取るというものや、新薬ワクチンの開発企業への投資を呼びかける「利殖勧誘事犯」も増加しています。

　さらには学生や給与所得者を勧誘し、個人事業主として売り上げがあったかのように見せかけた確定申告書を税務署に提出させ、持続化給付金をだまし取って多額の手数料を受け取るという犯罪も増えています。コロナ禍に乗じる詐欺グループ……そんな「火事場泥棒」のような連中にだまされないためにも、細心の注意を払う必要があるといえるでしょう。

PART 4

アフターコロナ時代の
家計・資産防衛術

年収大幅減の可能性も!?
コロナ氷河期に備えよう!

コロナショックによって景気の悪化は深刻になりました。
今後の減収リスクを避けるためにすべきこととは?

　コロナ禍でフリーランスや事業者が困っても、会社勤めは決まった給料がもらえるから、まだ安心。そんなふうに思っている人は多いかもしれません。しかし景気が急速に冷え込んでいる現在、会社の業績が落ちれば、基本給は守られてもボーナスの大幅ダウンが見込まれ、残業も減り手当が少なくなることは必至です。

　収入が減れば支出を見直す必要に迫られます。とはいえ、定収入がある場合、それに合わせた支出で家計をやり繰りしているため、大幅な見直しは難しいもの。そこで、まず手をつけたくなるのが預貯金などの資産です。

　そもそも、「万が一の備え」という意識で貯金や資産を保有している人は多いと思われます。そして、「今がその時」とばかりに切り崩しにかかる。あながち間違いとはいえませんが、現状が改善するのはまだまだ先の話。「コロナ禍もいつかは収まって、元の生活に戻れる」という安易な気持ちで、貯えを減少させるのは考えものです。

● 節約できるポイントを発見しよう

　そこで重要になってくるのは、やはり家計の見直しです。「今もそん

なに余裕はない」と思うかもしれませんが、細かく見てみると、意外と節約できる支出が発見できます。

　まずはボーナスから考えてみましょう。毎月の収支が黒字であれば大きな問題はありませんが、月々の赤字をボーナスで補填している場合、たちまち家計は圧迫されてしまいます。つまり、ボーナスに頼っている支出を減らせば、収支の悪化を防ぐことができます。

　具体的にいえば、住居や自動車のボーナス払いは仕方がないとしても、電化製品や家具の購入といった、しばらく控えても生活に大きな支障の

毎月勤労統計調査（令和2年6月分結果速報・事業所規模5人以上）

区　分	就業形態計	前年比（差）	一般労働者	前年比（差）	パートタイム労働者	前年比（差）
月間現金給与額	円	％	円	％	円	％
現金給与総額	443,875	-1.7	592,014	-2.8	104,791	0.6
きまって支給する給与	262,095	-1.3	334,019	-2.0	97,465	-1.2
所定内給与	247,343	0.6	313,837	-0.1	95,143	-0.5
（時間当たり給与）	－	－	－	－	1,232	5.8
所定外給与	14,752	-24.6	20,182	-25.4	2,322	-25.5
特別に支払われた給与	181,780	-2.4	257,995	-3.9	7,326	33.5
実質賃金	円	％	円	％	円	％
現金給与総額	－	-1.9	－	-2.9	－	0.5
きまって支給する給与	－	-1.4	－	-2.2	－	-1.3
月間実労働時間数等	時間	％	時間	％	時間	％
総実労働時間	136.8	-4.1	162.0	-4.1	79.0	-6.3
所定内労働時間	128.8	-2.5	151.3	-2.3	77.2	-5.8
所定外労働時間	8.0	-23.9	10.7	-24.1	1.8	-25.0
	日	日	日	日	日	日
出勤日数	18.1	-0.4	19.8	-0.5	14.1	-0.6

新型コロナの感染拡大の影響で、残業代などの「所定外給与」は前年同月比で 24.6％減の1万 4752 円。「所定内給与」は前年と同水準でしたが、ボーナスなど「特別に支払われた給与」は 18万 1780 円で 2.4％減となり、特別給与がボーナス時期の6月に減るのは5年ぶりとなりました。

※厚生労働省「毎月勤労統計調査 令和2年6月分結果速報」（2020年8月7日発表［8月27日修正］）をもとに作成しました。

ないものは先延ばしにするという方法があります。また、緊急事態であるのは誰もが同じなので、銀行などに支払い方法の変更を相談するという手段も考えられますし、積極的に国や各自治体の支援策を受けるという方法もあります。

　ボーナス以外でも、月々の支払いを減らす方法はあります。それは、光熱費や飲食費、交際費の節約といった小さなものももちろんですが、見直したいのは保険です。「万が一のため」に加入しておくのが保険ですが、意外と無駄な契約を結んでいる人も多いのではないでしょうか。

　生命保険や医療保険は特約や給付金の額によって保険料に差が出てきます。例えば、子どもが社会人であるにもかかわらず、死亡給付金の額が加入当時のままというパターンがあります。子どもが幼いのなら、もしもの場合の生活費や教育費も必要ですが、社会人であれば、さほど必要ありません。医療保険にしても、付帯している特約が本当に必要なのかどうか考えるべきです。また、ネット保険を利用すれば、同じ保障で保険料が抑えられることもあります。これまで何となく継続してきた保障内容を見直すチャンスだともいえるでしょう。

●with コロナ時代を乗り切る副業のススメ

　保険以外にも、見直すべきものはいくつかあります。とはいえ、節約や無駄を省くだけでは限度があります。そこで考えたいのは、収入を増やす方法。つまりは「副業」です。公務員など、勤務先で禁じられている場合は別ですが、そうでなければ給料に頼らない働き方も家計を守る方法の１つです。

　副業といえばアルバイトを思いがちですが、今はパソコン１つあれば働く方法があります。それが「クラウドワークス」です。クラウドワー

クスはネットで展開されているサイトに希望する職種を登録するだけ。例えば、文章が得意ならWEBライティング、簡単な絵が描けるのであればイラスト作成といったように、これまで培ってきた経験や技術を活かしてフリーランスとしての仕事が可能です。また、スキルや知識、資格を活かしたアドバイスや簡単な事務処理もネットで探すことができます。

　さらに、サイトでモノを売るという方法もあります。サイト販売といえば「メルカリ」が有名ですが、何も不必要なものを売るだけでなく、手作りのアクセサリーや小物雑貨を販売することも可能です。ただし注意が必要なのは、クラウドといえども金銭が介在する限り、プロ意識を持つことが必要です。納期を守る、指示には従う、購入者の満足するものを提供するという心構えがなければ長続きはしませんし、クレームの対象にもなりかねません。

　また、自宅待機の暇な時間を有効活用し、資格を取得するというのも、これからの「with コロナ」の時代に適しているといえます。資格でなくても、小説やマンガをネットにアップすれば、思わぬところから声がかかる可能性もゼロとはいえません。

　収入が減る、仕事がなくなると悲観するばかりではなく、会社に頼らずにこの時代をうまく切り抜ける方法を試してみれば、新しい生き方が発見できるかもしれません。

リスクなしで減収をカバー！
すぐに始められる副業案内

長期にわたる景気悪化が予想される中で、会社の給料だけでやり繰りするのは心もとない。在宅ワークでプラスαの現金収入を検討してみましょう。

1 アンケートモニター

　専用サイトに登録し、アンケートに答えるとポイントが加算され、ある程度たまれば現金や商品などに交換できるというのがシステムの内容です。中にはサンプルの試用やオンラインでの座談会もあり、その場合は通常よりも多くのポイント数が獲得できます。1ポイント当たり1円というのが相場なので、数多くのサイトに登録し質問に答えるというのがコツといえるでしょう。

2 WEBライター

　文章に自信がある人におすすめ。仕事を得るには、ライターを募集しているサイトに応募するかクラウドワークスのサイトに登録するなどの方法があります。最初はサンプルの提出やトライアルを課せられますが、それを通過すれば依頼を受けられます。執筆の単価は1文字1～3円程度。内容によっては大幅アップも見込まれ、実績を積んでからのステップアップも可能です。

3 データ入力

　紙やPDFファイルの文字情報をソフトに入力したり、ネットで目的の写真を選んで与えられたフォーマットに貼り付けたりするなど作業は多岐にわたります。パソコンを所有していてエクセルやワードを扱えれば作業は可能で、未経験でも対応できます。ただし、それだけに報酬単価は低く文字入力の場合は1文字0.1〜1円。単純作業なのでタイピングが早ければ、それだけ収入のアップが見込まれます。

4 テープ起こし

　インタビューなどの取材音声をデータ化するのが作業の内容で、こちらもタイピングの早さが腕の見せどころ。文字数ではなく録音時間で報酬が設定されているため、短時間で打ち込むことができれば、それだけ収入のアップにつながります。報酬額は1時間音声で5000円程度。初心者は録音時間より3倍から4倍の作業時間を要し、誤字脱字がないかの確認も必要ですが、比較的高収入が見込める在宅ワークといえるでしょう。

副業の納税対処もお忘れなく！

　給与と同じく副業の収入も源泉徴収の対象となり、報酬額に10.21％をかけた金額が差し引かれます。また、年間で20万円を超える収入があれば確定申告を行う必要があります。ただし、源泉徴収額が過払いだと申告によって還付されることもあります。現在はマイナンバー提出を求める企業が多く、該当者であるにもかかわらず怠ると、税務署から通知が来ることもあるので面倒がらずに申告しましょう。

5 ダイレクトメール（DM）封入

　企業から送られてきた PR 広告などのダイレクトメール（DM）を封筒に入れ、ノリづけして封をするまでが仕事の内容です。場合によっては、宛名のラベル貼りや DM を折る作業も加えられます。採用率が高く、単純作業なのでほとんどの人がこなせますが、ノルマがあるうえに 1 通当たり 1 円程度にしかならず、数をこなさないと収入につながらないのが難点です。

6 LINEスタンプ作成

　キャラクターは描けるけれど背景などは苦手という人は、LINE のスタンプを自作して販売するという方法があります。手順は簡単で、LINE のアカウントを準備のうえ LINE クリエイターズマーケットに登録し、スタンプ画像 8 個以上とメイン画像などを用意。画像をアップロードして審査に通れば販売がスタートされます。収入は販売額の35％で1000円を超えると請求が可能です。

7 スキルマーケット

　これまで培ってきた技術や知識、経験を活かせるのがスキルマーケット。HP 作成、文章執筆、写真撮影といった実務だけでなく、メイクの仕方、トーク術、ダイエット指南などのアドバイスも収入につなげることができます。方法は、提供サイトに登録し、自分のスキルをアピールするだけ。価格も自分で決められます。手数料は10％〜20％程度のところが多いようです。

8 事務サポート

　総務や経理といった、いわゆる一般職しか経験のない人でも、キャリアを活かした在宅ワークは可能です。クラウドワークのサイトでは、事務職の登録も受け付けていて、表計算やデータ整理といった仕事の依頼も募集することができます。価格は発注内容によってさまざまですが、エクセルの入力で2万円〜5万円ほど。会社の業務の延長で収入を得たい人におすすめです。

9 メルカリビジネス

　クローゼットや押し入れに眠っている不用品を売るのに便利なのが、フリマアプリの「メルカリ」。古書や古着といったものだけでなく、海辺で拾った流木やタマネギの皮など、意外なものに買い手がつくこともあります。また自作のアクセサリーや小物、絵画といった品物の販売も可能。販売手数料は10％で、個人情報が知られたくない人は匿名で発送することもできます。

「メルカリ」以外にも
「PayPay フリマ」「ラクマ」など、
数多くのフリマアプリが登場しています。

スキマ時間に取得したい！
これから役立つ資格案内

資格の取得が将来性に結びつくのは知られているところ。そこで、with コロナ時代に役立ち、生活の安定にもつながる資格をチェックしました。

1 ファイナンシャル・プランナー

　税金や不動産、保険、年金、ローンなどお金の知識を身につけ、顧客のライフプランをサポートする資格です。家族環境や収支など、それぞれの経済状況に合わせ、長期的に資金計画を立て、人生の目標実現に向けて援助します。コロナ禍において、経済的に苦境に陥るケースも多い今、必要とされる職種の1つといえるでしょう。また、専門ライターや講師などのニーズもあります。

2 医療事務

　主な仕事は、医療費の計算と受け付けや会計などでの患者への応対です。もともと医療機関は景気に左右されない安定した職場。そのうえ、近年の高齢化社会で医療機関の数は増加しているので、さらに需要が高まっています。医療費の計算は専門性が高いので、仮にブランクがあっても復職しやすく、勤務形態もさまざまなので、資格を取得しておくと転職や再就職にも役立ちます。

③ 調剤薬局事務

　保険調剤薬局で「レセプト（診療報酬明細書）」の作成や受け付け、処方箋のチェック、薬剤師の調剤補助などを行うための資格です。薬剤や医療保険制度の知識が身につき、薬歴管理や薬品の在庫管理の仕事にも携わることができます。現在、全国にある調剤薬局の数はコンビニ以上ともいわれるほど。勤務場所の選択肢も多く、医療事務に並び、人気の資格として注目されています。

④ web関連の検定

　コロナ禍で、企業や業務内容で求められる IT スキルは多様化しています。ニーズが増えているからこそ、どの業種でどのくらいの能力かを端的に証明できる資格があると有利です。事務関係では「MOS（マイクロソフト オフィス スペシャリスト）」、クリエイティブ関連は「アドビ認定アソシエイト（ACA）」や web 業界唯一の国家資格「ウェブデザイン技能検定」が有名です。また、経産省認定の「IT に関する基礎的な知識が証明できる」国家資格として、「IT パスポート（I パス）」があります。

ひとり親世帯の生活をバックアップする資格取得講座

　「自立支援教育訓練給付金」という支援制度があります。これは20歳未満の子どもを育てるひとり親が資格取得をする際、講座受講料の60% を国と自治体が支援するものです（上限は20万円）。また、１年以上養成機関で学ぶ際に支給される「高等職業訓練促進給付金」もあります。地域によって差があるので、まずは役所の窓口やＨＰなどで、条件を確認しましょう。

自宅待機から入院まで
もしも新型コロナに感染してしまったら…

せきや微熱が続き、新型コロナの感染が疑われる場合、受診から検査、そして入院
までどのような手順を踏むのでしょうか。シチュエーションごとにポイントを解説しました。

概要
発熱をともなう風邪の症状があれば自宅で待機します。各自治体で用意している健康管理表（健康チェックシート）を使って検温の記録をし、解熱剤を使用しないで平熱状態が48時間続けば、健康管理表を保健管理センターに持参し、就業・登校許可面接を受けます。感染者との濃厚接触が疑われる場合も、自宅で待機し様子を見ます。

POINT
●自宅待機中は不要不急の外出を避け、外出時は必ずマスクをかけましょう。
●当初、発熱の基準は 37.5 度とされていましたが、個人によって平熱が異なるため、現在厚労省は基準を定めていません。

熱やせきがある… → 自宅待機 → 受診・検査

PCR検査

概要
呼吸困難、倦怠感、高熱などの強い症状のいずれかがある場合、「帰国者・接触者相談センター」やかかりつけ医、地域の相談窓口などに電話で相談します。相談の結果、感染が疑われると判断された場合は帰国者・接触者外来などを紹介されるので、そこでコロナウイルスの検査を受けることになります。

POINT
●高齢者や糖尿病、心不全、呼吸器疾患などの基礎疾患がある、もしくは透析を受けている、免疫抑制剤や抗がん剤などを用いている場合は、軽い風邪の症状でもすぐに相談しましょう。
●比較的軽い風邪の症状でも、4日以上が続くときは必ず相談してください。

※2020年10月以降から、相談先についてはかかりつけ医など身近な医療機関が担う体制整備を進めています
（厚生労働省　9月4日公表）。

医師によって必要ありと判断されたときは医療機関へ入院します。発熱などの症状が出てから10日間が経過し、かつ発熱などの症状が軽くなってから72時間が経過すれば、PCR検査などを受けずに退院が可能です。10日間が経過していない場合でも、症状が軽くなって24時間後にPCR検査などを実施し、陰性が確認されたら検体採取から24時間後に再検査を行い、2回連続で陰性が確認されれば退院できます。陽性でも症状がない場合、検査のための検体を取った日から10日間を経過すれば、PCR検査など受けずに退院が可能です。検査のための検体を取った日から6日間が経過し、1回目のPCR検査などで陰性が確認され、24時間後に再度検査を行って陰性が確認された場合にも退院ができます。

POINT

●現在、厚労省は無症状の感染者に対し、自宅か宿泊施設で療養するよう方針を変える方向にあります。
●新型コロナ感染での入院でも、ほかの病気などの場合と同じで、洗面具や日用品、衣類といったものを用意すれば大丈夫です。

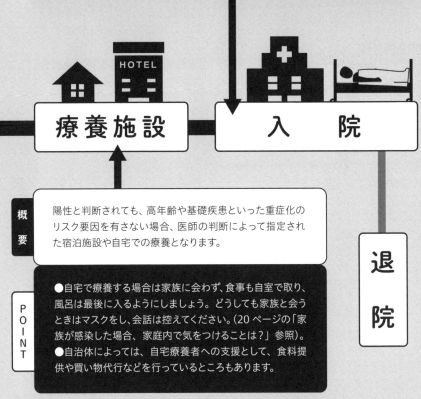

療養施設　　　　入　　院

概
要

陽性と判断されても、高年齢や基礎疾患といった重症化のリスク要因を有さない場合、医師の判断によって指定された宿泊施設や自宅での療養となります。

退
院

POINT

●自宅で療養する場合は家族に会わず、食事も自室で取り、風呂は最後に入るようにしましょう。どうしても家族と会うときはマスクをし、会話は控えてください。(20ページの「家族が感染した場合、家庭内で気をつけることは？」参照)。
●自治体によっては、自宅療養者への支援として、食料提供や買い物代行などを行っているところもあります。

※厚生労働省「新型コロナウイルス感染症に関するQ&A」をもとに作成しました。なお、検査体制に関しては、自治体が独自にPCR検査の拡充を実施しているところもあります。

新型コロナに関する相談窓口

健康や医療の相談

厚生労働省　電話相談窓口
0120-565653（フリーダイヤル）
受付時間：9時〜21時

お金の困り事

[持続化給付金]
持続化給付金事業コールセンター
0120-115-570／0120-279-292（フリーダイヤル）
受付時間：8時30分〜19時（平日のみ）

[雇用調整助成金]
厚生労働省　学校等休業助成金・支援金、雇用調整助成金コールセンター
0120-60-3999（フリーダイヤル）
受付時間：9時〜21時（土日・祝日含む）
ほか各都道府県労働局

[住居確保給付金]
厚生労働省　住居確保給付金相談コールセンター
0120-23-5572（フリーダイヤル）
受付時間：9時〜21時（土日・祝日含む）
ほか、お住まいの地域の自立相談支援機関

[新型コロナウイルス感染症対応休業支援・給付金]
厚生労働省　新型コロナウイルス感染症対応休業支援金・給付金コールセンター
0120-221-276（フリーダイヤル）
受付時間：8時30分〜20時（平日）／8時30分〜17時15分（土日祝）

[家賃支援給付金]
経済産業省　家賃支援給付金コールセンター
0120-653-930（フリーダイヤル）
受付時間：8時30分〜19時（日・平日のみ）

[子育て世帯への臨時特別給付金]
内閣府　子育て世帯への臨時特別給付金コールセンター
0120-271-381（フリーダイヤル）
受付時間：9時〜18時30分（平日のみ）

人権に関すること

法務省　みんなの人権110番
0570-003-110
受付時間：8時30分〜17時15分（平日のみ）

法務省　子どもの人権110番
0120-007-110（フリーダイヤル）
受付時間：8時30分〜17時15分（平日のみ）

法務省　女性の人権ホットライン
0570-070-810
受付時間：8時30分〜17時15分（平日のみ）

法務省　外国語人権相談ダイヤル
0570-090911
受付時間：9時〜17時（平日のみ）

［DV相談］
内閣府　DV相談ナビ
0570-0-55210
受付時間：各機関の相談受付時間内

内閣府　DV相談＋（プラス）
0120-279-889（フリーダイヤル）
受付時間：24時間受付

トラブル&法律相談

［給付金トラブル］
国民生活センター　給付金・豪雨関連消費者ホットライン
0120-213-188（フリーダイヤル）
受付時間：10時〜16時

［消費者トラブル］
消費者庁　消費者ホットライン188
188（局番なし）
受付時間：各相談窓口の受付時間内

［解雇・雇止め］
日本労働弁護団
ホットライン（03-3251-5363／ 03-3251-5364）

受付時間：月・火・木／15時〜18時
土／13時〜16時

［新型コロナの感染拡大で法的な悩みが生じたら］
日本弁護士連合会
https://www.nichibenren.or.jp/
news/year/2020/topic2.html
※相談料は、各弁護士会のウェブサイト等でご確認

日本弁護士連合会「ひまわりほっとダイヤル」
0570-001-240
受付時間：10時〜12時／13時〜16時（月〜金・祝日除く）
※一部の地域を除き、初回30分の相談が無料

日本に暮らす外国人の方に

東京都外国人新型コロナ生活相談センター
0120-296-004（フリーダイヤル）
受付時間：10時〜17時（土日・祝日除く）

STOP
COVID-19

感染症の収束には、長い時間がかかることは歴史
が物語っています。
それは今回の新型コロナウイルスも同じです。
「100年に一度の危機」といわれるこの時代ですが、
私たちの健康と暮らし、そしてお金を守りながら、
共に乗り越えていきましょう!

【参考ウェブサイト・文献】

- 内閣官房「新型コロナウイルス感染症対策」 https://corona.go.jp/
- 首相官邸「新型コロナウイルスへの備え」
  https://www.kantei.go.jp/jp/headline/kansensho/coronavirus.html
- 内閣府「新型コロナウイルス感染症対策関連」
  https://www.cao.go.jp/others/kichou/covid-19.html
- 厚生労働省「新型コロナウイルス感染症について」
  https://www.mhlw.go.jp/stf/seisakunitsuite/bunya/0000164708_00001.html
- 経済産業省「新型コロナウイルス感染症関連 経済産業省の支援策」
  https://www.meti.go.jp/covid-19/index.html
- 消費者庁「新型コロナ関連消費者向け情報」
  https://www.caa.go.jp/policies/policy/consumer_policy/information/notice/
- 総務省「新型コロナウイルス感染症対策関連」
  https://www.soumu.go.jp/menu_seisaku/gyoumukanri_sonota/covid-19/index.html
- 法務省「新型コロナウイルス感染症に関する情報一覧」
  http://www.moj.go.jp/hisho/kouhou/0000000451.html
- 内閣府 男女共同参画局 http://www.gender.go.jp/
- 国立感染症研究所「新型コロナウイルス感染症 (COVID-19) 関連情報ページ」
  https://www.niid.go.jp/niid/ja/diseases/ka/corona-virus/2019-ncov.html
- 日本感染症学会「新型コロナウイルス感染症」
  http://www.kansensho.or.jp/modules/topics/index.php?content_id=31
- 日本環境感染学会「新型コロナウイルス感染症 (COVID-19) への対応について」
  http://www.kankyokansen.org/modules/news/index.php?content_id=328
- 日本医師会 COVID-19有識者会議 https://www.covid19-jma-medical-expert-meeting.jp/
- 日本小児科学会「新型コロナウイルス感染症に関するQ&Aについて」
  http://www.jpeds.or.jp/modules/activity/index.php?content_id=326
- 国立成育医療研究センター「妊婦さんの新型コロナウイルス感染症に関するFAQ」
  https://www.ncchd.go.jp/hospital/about/section/perinatal/bosei/covid_bosei_kusuri.html
- 慶應義塾大学保健管理センター「新型コロナウイルス感染症について」
  http://www.hcc.keio.ac.jp/ja/infection/coronavirus.html
- 東京都医学総合研究所「新型コロナウイルス感染症 (COVID-19) 関連サイト」
  http://www.igakuken.or.jp/r-info/covid-19-info18.html
- AnswersNews「新型コロナウイルス 治療薬・ワクチンの開発動向まとめ【COVID-19】」
  https://answers.ten-navi.com/pharmanews/17853/
- 東京都社会福祉協議会 https://www.tcsw.tvac.or.jp/
- 国民生活センター「新型コロナウイルス給付金関連消費者ホットライン」
  http://www.kokusen.go.jp/news/data/n-20200814_1.html
- 日本弁護士連合会「新型コロナウイルス対応関連情報」
  https://www.nichibenren.or.jp/news/year/2020/topic2.html
- 全日本葬祭業協同組合連合会「新型コロナウイルス感染拡大防止ガイドラインについてのお知らせ」
  https://www.zensoren.or.jp/
- 日本医療事務協会 https://www.ijinet.com/
- 東京商工リサーチ「新型コロナウイルス 関連破たん状況」 https://www.tsr-net.co.jp/
- 帝国データバンク「新型コロナウイルス関連倒産」 https://www.tdb.co.jp/
- 第一生命経済研究所「ライフデザイン研究情報」 http://group.dai-ichi-life.co.jp/dlri/
- 野村総合研究所「新型コロナウイルス対策緊急提言」 https://www.nri.com/
- ニッセイ基礎研究所「総合政策研究部」 https://www.nli-research.co.jp
- NHK「新型コロナウイルス」特設サイト https://www3.nhk.or.jp/news/special/coronavirus/
- 東洋経済 ON LINE「特設ページ 新型コロナウイルス」 https://toyokeizai.net/
- BuzzFeed「新型コロナ関連最新記事」「新型コロナと暮らし」 https://www.buzzfeed.com/
- CNN https://www.cnn.co.jp/fringe/

そのほか「朝日新聞」「読売新聞」「Newsweek (ニューズウィーク日本版)」「週刊東洋経済」「週刊ダイヤモンド」など各紙誌の特集記事及び各自治体の新型コロナウイルス感染症に関する取り組みを参考にさせていただきました。

いのちもお金も大事！
新型コロナウイルスから
身を守る・家計を守る・くらしを守る

2020年10月16日　初版第1刷

編　者　　彩流社編集部

発行者　　河野和憲
発行所　　株式会社彩流社
　　　　　〒101-0051
　　　　　東京都千代田区神田神保町3-10
　　　　　TEL:03-3234-5931
　　　　　FAX:03-3234-5932
　　　　　E-mail:sairyusha@sairyusha.co.jp

印　刷　　モリモト印刷株式会社
製　本　　株式会社難波製本

取材・執筆　　オフィステイクオー（歯黒猛夫、田中 稲）、
　　　　　　　高見 誠、吉松正人
デザイン　　　吉崎広明（ベルソグラフィック）
イラスト　　　にしだきょうこ（ベルソグラフィック）
編集協力・執筆　山崎三郎
制　作　　　　金澤 理（彩流社）